Crochet
"le debut"

Manuel pratique pour acquérir les bases et se passionner pour l'art du crochet, illustré étape par étape par des images nettes et en couleurs.

Michelle Pfizer

Copyright 2023 - Tous droits réservés.

Le contenu de ce livre ne peut être reproduit, reproduit ou transmis sans l'autorisation écrite directe de l'auteur ou de l'éditeur. En aucun cas, l'éditeur ou l'auteur ne sera tenu responsable des dommages, réparations ou pertes pécuniaires causés par les informations contenues dans ce livre. Directement ou indirectement.

Avis juridique :

Ce livre est protégé par le droit d'auteur. Ce livre est réservé à un usage personnel. Vous ne pouvez modifier, distribuer, vendre, utiliser, citer ou paraphraser aucune partie, ni le contenu de ce livre, sans le consentement de l'auteur ou de l'éditeur.

Avis de non-responsabilité :

Veuillez noter que les renseignements contenus dans ce document sont à des fins éducatives et de divertissement seulement. Tous les efforts ont été déployés pour présenter des informations exactes, à jour, fiables et complètes. Aucune garantie d'aucune sorte n'est déclarée ou implicite. Les lecteurs reconnaissent que l'auteur ne donne pas de conseils juridiques, financiers, médicaux ou professionnels. Le contenu de ce livre a été dérivé de diverses sources. Veuillez consulter un professionnel autorisé avant d'essayer toute technique décrite dans ce livre.

En lisant le présent document, le lecteur convient que l'auteur n'est en aucun cas responsable des pertes, directes ou indirectes, subies en raison de l'utilisation des renseignements contenus dans le présent document, y compris, mais sans s'y limiter : erreurs, omissions ou inexactitudes

CONTENUS DU LIVRE

Bienvenue 7

Étape 1. Débuter 9

Étape 2. Mailles de base 35

Étape 3. Jouer le jeu 57

Étàpe 4. Conseils et avantages 95

La fin et le début 107

Aperçu de l'autohr 108

Bonus 108

Le crochet est un passe-temps de plus en plus populaire pour de nombreuses raisons.

La création de vêtements, d'objets pour la maison et de jouets est un moyen amusant et brillant d'exprimer sa créativité.

Il est également relaxant et divertissant, et crée souvent un lien fort avec les amis ou la famille si vous décidez de collaborer à un projet.

Le crochet est une technique pratique et pas trop difficile à maîtriser, et la lecture de ce guide vous donnera tous les outils dont vous avez besoin pour le maîtriser en trois petits jours - quelle meilleure façon d'occuper votre temps ?

Le terme "crochet" vient du français et signifie "crocheter". Il s'agit de produire du tissu à partir de fils, de fils ou d'autres matériaux à l'aide d'un crochet. Ces crochets peuvent être en métal, en bois ou en plastique.

Le travail au crochet est similaire à celui du tricot en ce sens qu'il consiste à faire passer des boucles de tissu à travers d'autres boucles. Il diffère du tricot par le fait qu'une seule maille est active.

Il utilise le crochet au lieu des aiguilles à tricoter, ce qui permet de créer des points uniques pour des produits exceptionnels. Pour beaucoup, le crochet est plus facile à maîtriser parce qu'il n'utilise qu'un seul outil central.

Toutefois, cette simplicité vous rendra beaucoup plus créatif dans vos projets.

Si vous êtes impatient d'apprendre le crochet, ce livre est le meilleur. Il vous

Bienvenue

présentera les outils du crochet, les fils et les crochets.

Ce guide vous fera découvrir les différentes techniques de crochet et leurs avantages.

Vous apprendrez à tenir le crochet et le fil, puis vous passerez aux techniques et aux points, vous réaliserez des projets réussis qui vous motiveront encore plus à essayer des modèles fantastiques.

L'art du crochet attire de nombreuses personnes, c'est l'une des façons les plus simples d'exprimer sa créativité, c'est pourquoi vous trouverez de nombreux livres sur le crochet en ligne. Merci encore d'avoir choisi celui-ci !

Nous avons tout mis en œuvre pour qu'il contienne le plus grand nombre possible d'informations utiles. Amusez-vous bien !

Pourquoi ?

Apprendre à faire du crochet est une expérience formidable.

Vous pouvez passer votre temps libre à développer quelque chose de précieux et de superbe.

Le crochet libère votre créativité. Vous disposez d'un large éventail de couleurs et de motifs pour donner vie à vos idées et à vos pensées.

La création de motifs uniques renforce votre estime de soi, vous donne un sentiment de fierté et l'envie de recommencer.

Apprendre aux enfants à faire du crochet peut être très utile : cela les aidera à comprendre comment suivre des instructions. En plus d'apprendre à lire et à reconnaître les différentes couleurs, ils pourront même améliorer leurs compétences en mathématiques grâce à différents modèles de crochet.

Modalités d'utilisation de ce livre

Ce guide a la particularité d'être divisé en 4 parties pour permettre au lecteur/étudiant d'avoir une approche pas à pas de ce qui, à mon avis, est le monde du Crochet.

1) La première étape présente les instructions de base pour commencer à crocheter à deux mains, avec les bons crochets, avec le bon fil, les tableaux avec les acronymes abrégés, les tableaux de conversion, et enfin, mais non des moindres, les bons fils.

2) La deuxième étape met l'accent sur les nœuds de base, les différentes chaînes, la façon de finir les bords, la façon de les reconnaître et la façon de faire certains nœuds spéciaux nécessaires pour fabriquer des articles de grande taille.

3) La troisième étape plonge au cœur de l'habileté manuelle avec 33 modèles répartis en 3 catégories pour entrevoir tous les travaux manuels utiles qui peuvent être réalisés pour égayer, adoucir et amuser notre vie quotidienne.

4. la quatrième et dernière étape met l'accent sur les bienfaits psychophysiques et l'impact positif de cet art millénaire sur nous et notre rythme de vie et nous indique des pistes pour éviter les baisses d'enthousiasme et ne pas laisser nos travaux inachevés (cercles fermés).

Bonne séance et détendez-vous.

Étape 1. Débuter

1.1 Prenez connaissance du crochet.

La première chose à faire au crochet est peut-être de savoir comment reconnaître et interpréter un modèle.

Les exemples américains et anglais sont plus souvent des patrons écrits ou formulés, alors qu'au Japon et dans d'autres pays, ils seront dessinés. Ceux-ci se présentent sous la forme d'un graphique illustré comme celui présenté ci-dessous. Si vous êtes une tricoteuse, vous connaissez probablement le travail réservé ; néanmoins, les schémas au crochet sont dessinés au lieu d'être schématisés.

Les graphes au crochet sont utilisés pour un large éventail de motifs et peuvent, avec un peu d'entraînement, être plus fonctionnels et plus réussis que les instructions composées. Aujourd'hui, de plus en plus de créateurs optent pour les schémas ou combinent les deux types de schémas et les instructions composées.

Pour un tracé complexe, il peut être nécessaire d'utiliser également un compteur de lignes. Un compteur de colonnes vous permet de cliquer ou de déplacer une tablette pour suivre le nombre de lignes que vous avez terminées.

Bien que ce compteur ne soit normalement pas indispensable pour un petit diagramme, il peut s'avérer très utile pour des schémas plus importants.

La tendance actuelle est de commencer par une progression de cercles, autrement dit de chaînes ou de lignes de glissement. Quoi qu'il en soit, il est tout à fait possible de créer un établissement sans utiliser de chaîne standard.

Les tâches sont généralement exécutées en colonnes dans lesquelles vous devez faire des allers-retours, en travaillant chaque ligne sur la ligne précédente. De la même manière, vous pouvez joindre des ronds en travaillant autour d'un anneau de chaînes et en réalisant une figure mathématique, par exemple un cercle, un hexagone ou un carré.

La technique la plus courante est celle de l'assemblage en rond, que l'on retrouve dans les modèles anciens, ainsi que dans de nombreux modèles américains et britanniques avancés. Il s'agit d'un dessin de jointure entièrement élaboré, qui utilise une documentation linéaire régulière et conventionnelle.

Les tableaux sont beaucoup plus régulièrement utilisés pour les napperons ou les enveloppes que pour les ouvrages simples, comme un bonnet ou un Afghan, et ils sont moins utilisés pour les motifs à lignes répétées, mais ils peuvent l'être.

Les motifs composés au crochet sont les plus connus en Amérique et en Grande-Bretagne. Ils sont généralement simples à utiliser et la documentation sur les modèles est, dans une large mesure, normalisée. Voici un exemple de modèle composé : faites une chaîne de la longueur souhaitée, ainsi que 3 jonctions pour le tournage.

Rang 1 : Faire 5 ms dans la troisième m à partir de l'extrémité, * jupe 2 ch, faire 1 ms dans la prochaine jonction, éviter 2, et faire 5 ms dans la prochaine fermeture. *

Rang 2 : Ch 3 et tourner. Faire 4 ms dans les ms *1 ms dans la troisième ms de la ligne précédente, 5 ms dans les ms de la ligne précédente. Répéter à partir de * sur toute la colonne.

Répéter le rang 2 jusqu'à la longueur idéale.

Nous devrions étudier cette question dans une structure élaborée :

Rang 1 : Faites 5 fermetures au crochet double dans la troisième jonction à partir de la fin de la chaîne. *Sauter 2 chaînes, en faire une, le crochet doit être simple à la jonction suivante, sauter 2 chaînes et faire 5 lignes de crochet double dans la maille suivante. *

Rang 2 : Enchaîner 3 chaînes et tourner. Travaillez 4 doubles crochets en crochet simple.

Travailler un crochet. Il doit s'agir d'un crochet simple au troisième crochet double du rang précédent, 5 crochets doubles au crochet simple de la dernière colonne.

Répétez à partir de * jusqu'à la fin.

Avec un peu de pratique, les formes raccourcies deviendront naturelles.

Tableau de conversion des termes

Back Loop Double Crochet (bldc) = Bride dans le brin arrière (br dans le brin arrière)

Back Loop Half Double Crochet (BLhdc) = Demi-bride dans le brin arrière (db br ar)

Back Loop Half Double Crochet (blhdc) = Demi-bride dans le brin arrière (db dans le brin arrière)

Back Loop Only (BLO) = Brin arrière seul (BAS)

Back Loop Single Crochet (blsc) = Maille serrée dans le brin arrière (ms dans le brin arrière)

Back Post Double Crochet (bpdc) = Bride relief arrière (bra)

Back Post Treble Crochet (bptr) = Bride arrière relief triple (bartr)

Chain (ch) = Maille en l'air (ML/ml)

Cluster (cl) = Groupe (grp)

Cluster of Double Crochet (cl dc) = Groupe de brides (grp br)

Cluster Stitch (cl st) = Point de groupe (pt grp)

Corner to Corner Crochet (C2C) = Coin à coin au crochet (cac)

Crochet Hook Size (chs) = Taille de crochet (taille chs)

Crochet Thread (ct) = Fil de crochet (fil ct)

Crochet Two Together (c2tog) = Crocheter deux mailles ensemble (2 ml ens)

Crossed Double Crochet (xdc) = Bride croisée (bc)

Decrease (dec) = Diminution (dim)

Double Crochet (dc) = Bride (br)

Double Treble (dtr) = Triple bride (tr)

Double Triple Crochet (dtr) = Triple bride (tbr)

Extended Double Crochet (edc) = Bride allongée (br allongée)

Extended Double Crochet (ext dc) = Bride allongée (br all)

Extended Single Crochet (esc) = Maille serrée allongée (ms allongée)

Extended Single Crochet (ext sc) = Maille serrée allongée (ms all)

Foundation Chain (fc) = Chaînette de base (cb)

Foundation Double Crochet (fdc) = Bride de base (br de base)

Foundation Double Crochet (fdc) = Bride de base (brb)

Foundation Half Double Crochet (fhdc) = Demi-bride de base (dbb)

Foundation Single Crochet (fsc) = Maille serrée de base (msb)

Foundation Treble Crochet (ftr) = Double bride de base (dbrb)

Front Loop Half Double Crochet (FLhdc) = Demi-bride dans le brin avant (db br av)

Front Loop Only (FLO) = Brin avant seul (bas)

Front Post Double Crochet (fpdc) = Bride relief avant (bra)

Front Post Treble Crochet (fptr) = Bride avant relief triple (bartr)

Gauge (g) = Échantillon (échantillon)

Half Double Crochet (hdc) = Demi-bride (db)

Hook (hk) = Crochet (crochet)

Increase (inc) = Augmentation (aug)

Invisible Join (iJoin) = Joint invisible (jnt inv)

Join with a Slip Stitch (join w/ sl st) = Joindre avec une maille coulée (joindre avec une mc)

Knit Two Together (k2tog) = Tricoter deux mailles ensemble à l'endroit (t2m end)

Linked Double Crochet (Ldc) = Bride liée (Br liée)

Magic Circle (mc) = Cercle magique (cm)

Magic Ring (MR) = Anneau magique (am)

Pattern (pat) = Motif (motif)

Picot (pc) = Picot (picot)

Popcorn (pc) = Popcorn (popcorn)

Repeat (rep) = Répéter (rép)

Reverse Double Crochet (rdc) = Bride inversée (br inv)

Reverse Single Crochet (rev sc or crab stitch) = Maille serrée inversée (msi)

Right Side (RS) = Côté droit (CD)

Round (rnd) = Tour (tr)

Row (r) = Rang (rg)

Shell (sh) = Coquille (coquille)

Single Crochet (sc) = Maille serrée (ms)

Skip (sk) = Sauter (saut)

Skip a Stitch (sk st) = Sauter une maille (sauter une ml)

Slip Knot (sk) = Noeud coulant (nc)

Slip Slip Knit (ssk) = Glisser, glisser, tricoter ensemble à l'endroit (ggte)

Slip Stitch (sl st) = Maille coulée (mc)

Slip Stitch Crochet (ssl st crochet) = Crochet à mailles coulées (crochet à mc)

Slip Stitch Crochet Join (sl st join) = Maille coulée jointe au crochet (mcj crochet)

Slip Stitch Join (ssj) = Maille coulée jointe (mcj)

Slip Stitch Ribbing (sl st rib) = Côtes en maille coulée (cte en mc)

Spike Stitch (sp st) = Point d'épingle (pt ép)

Spike Stitch (sp st) = Point en relief (pt en relief)

Standing stitch (st st) = Maille debout (md)

Stitch (st) = Maille (ml)

Treble Crochet (tr) = Double bride (dbr)

Triple Crochet (tr) = Double bride (dbr)

Turn (t) = Tourner (tourner)

Terminologie et abréviations

() - parenthèses : utilisées pour indiquer la répétition d'un groupe de mailles ou d'une séquence.

// - barres obliques : utilisées pour indiquer une séparation entre différentes sections ou instructions dans le patron.

[] - crochets : utilisés pour indiquer des instructions supplémentaires ou des notes pour la réalisation de l'ouvrage.

2 br ens - 2 brides ensemble : une diminution dans laquelle deux brides sont travaillées ensemble pour ne former qu'une seule maille.

2 db ens - 2 demi-brides ensemble : une diminution dans laquelle deux demi-brides sont travaillées ensemble pour ne former qu'une seule maille.

2 db ens - 2 doubles brides ensemble : une diminution réalisée en travaillant deux doubles brides ensemble

2 ml ens - 2 mailles en l'air ensemble : une diminution réalisée en travaillant deux mailles en l'air ensemble

aug - augmentation : une technique pour augmenter le nombre de mailles dans une rangée ou un tour, généralement en

Waistcoat Stitch (wc st) = Maille de veste (ml de veste)

Work Even (work even) = Travailler régulièrement (travailler régulièrement)

Wrong Side (WS) = Côté gauche (CG)

Yarn Over (yo) = Jeté (jeté)

Yarn Over Hook (yoh) = Enrouler autour du crochet (enr croc)

Yarn Under (yu) = Enrouler sous (enrs)

travaillant deux mailles dans une même maille précédente.

aug - augmentation : une technique qui consiste à travailler plusieurs mailles dans la même maille ou dans des mailles adjacentes pour augmenter le nombre total de mailles dans le motif

augm - augmentation : une technique utilisée pour ajouter des mailles et augmenter le nombre de points sur un rang ou un tour.

bcl - bride en coquille : un groupe de brides travaillées dans la même maille ou dans des mailles adjacentes pour créer une forme en coquille

bdc - bride double crochet : une maille plus haute que la bride, dans laquelle le fil est enroulé deux fois autour du crochet avant d'être inséré dans la maille précédente.

br - bride : une maille de base plus haute que la demi-bride, dans laquelle le fil est enroulé deux fois autour du crochet avant d'être inséré dans la maille précédente

br - bride : une maille de base qui consiste à enrouler le fil autour du crochet, puis à l'insérer dans la maille précédente, enrouler à nouveau le fil autour du crochet et le tirer à travers deux boucles à la fois.

bra relief ar - bride arrière relief : une bride travaillée autour de la tige d'une bride de la rangée précédente pour créer un effet de relief arrière

bra relief ar - bride arrière relief : une bride travaillée autour de la tige d'une bride du rang précédent pour créer un relief sur l'arrière de l'ouvrage.

bra relief av - bride avant relief : une bride travaillée autour de la tige d'une bride de la rangée précédente pour créer un effet de relief avant

bra relief av - bride avant relief : une bride travaillée autour de la tige d'une bride du rang précédent pour créer un relief sur le devant de l'ouvrage.

bride (ou br) : une maille de base plus haute que la maille serrée, dans laquelle le fil est enroulé une fois autour du crochet avant d'être inséré dans la maille précédente.

cm - cercle magique : une technique utilisée pour commencer un ouvrage en rond avec une boucle serrée.

db - demi-bride : une maille de base de hauteur intermédiaire entre la maille serrée et la bride, dans laquelle le fil est enroulé une fois autour du crochet avant d'être inséré dans la maille précédente

db - demi-bride : une maille de base de hauteur intermédiaire entre la maille serrée et la bride, dans laquelle le fil est enroulé une fois autour du crochet avant d'être inséré dans la maille précédente.

dbl - double bride : une maille de base dans laquelle le fil est enroulé deux fois autour du crochet avant d'être inséré dans la maille précédente, puis enroulé à nouveau deux fois autour du crochet et tiré à travers deux boucles à la fois.

dc - double crochet : une maille de base dans laquelle le fil est enroulé une fois autour du crochet, inséré dans la maille précédente, le fil est de nouveau enroulé autour du crochet et tiré à travers deux boucles à la fois.

demi-bride relief arrière (db relief ar) : une demi-bride travaillée autour de la tige d'une demi-bride de la rangée précédente pour créer un relief sur l'arrière de l'ouvrage.

demi-bride relief avant (db relief av) : une demi-bride travaillée autour de la tige d'une demi-bride de la rangée précédente pour créer un relief sur le devant de l'ouvrage.

dim - diminution : une technique pour diminuer le nombre de mailles dans une rangée ou un tour, généralement en sautant une maille ou en travaillant deux mailles ensemble.

dim - diminution : une technique qui consiste à travailler deux ou plusieurs mailles ensemble pour diminuer le nombre total de mailles dans le motif

dim - diminution : une technique utilisée pour enlever des mailles et diminuer le nombre de points sur un rang ou un tour.

eml - espace de maille en l'air : un espace créé en travaillant un certain nombre de mailles en l'air, généralement utilisé pour créer une forme plus grande ou pour séparer les groupes de mailles.

eml - espace de maille en l'air : un espace créé par une ou plusieurs mailles en l'air dans lequel aucune maille n'est insérée.

eml - espace de maille en l'air : une zone où aucune maille n'est travaillée, créée en réalisant des mailles en l'air entre des groupes de mailles serrées ou de brides étoile : utilisée pour indiquer la répétition d'un groupe de mailles ou d'une séquence.

gr - groupe : une combinaison de mailles travaillées ensemble pour créer une texture ou un motif particulier, comme le groupe de bride ou le groupe de mailles serrées.

grdb - groupe de double bride : un groupe de brides doubles travaillées ensemble pour créer un motif texturé.

grdb - groupe de double bride : un groupe de brides travaillées dans la même maille pour créer un effet de relief

maille coulée (mc) : une maille de base qui permet de fermer un cercle magique ou une chaînette, ou de lier deux parties de l'ouvrage.

maille en l'air (ml) : une maille de base qui consiste à enrouler le fil autour du crochet et à le tirer à travers la boucle déjà présente sur le crochet.

maille serrée (ms) : une maille de base dans laquelle le fil est inséré dans le brin de devant de la maille précédente, puis tiré à travers la maille pour former une boucle, qui est ensuite tirée à travers la boucle sur le crochet.

mc - maille coulée : une maille qui relie deux parties de l'ouvrage, généralement réalisée en piquant le crochet dans la maille précédente et en tirant le fil à travers à la fois la maille et la boucle sur le crochet.

ml - maille en l'air : une boucle créée en enroulant le fil autour du crochet et en le tirant à travers une boucle déjà existante.

ml - maille en l'air : une maille de base qui consiste à enrouler le fil autour du crochet, puis à l'insérer dans la maille précédente, enrouler à nouveau le fil autour du crochet et le tirer à travers une boucle à la fois.

ml - maille en l'air : une maille de base qui sert à commencer une nouvelle rangée ou à créer de l'espace entre des groupes de mailles serrées ou de brides

ml - maille en l'air : une maille de base utilisée pour créer de l'espace entre les autres mailles ou pour monter de rang en rang.

ms - maille serrée : une maille de base dans laquelle l'extrémité du fil est insérée dans le brin de devant de la maille précédente, puis le fil est tiré à travers la maille pour former une nouvelle boucle, qui est ensuite tirée à travers les deux boucles sur le crochet.

ms - maille serrée : une maille de base qui consiste à insérer le crochet dans la maille précédente, enrouler le fil autour du crochet, puis le tirer à travers les deux boucles sur le crochet.

ms - maille serrée : une maille de base qui consiste à piquer le crochet dans la maille précédente, à y attraper le fil et à tirer une boucle à travers la maille et sur le crochet

msdb - maille serrée double bride : une maille de base qui consiste à piquer le crochet dans la maille précédente, à y attraper le fil, à le tirer à travers la maille et à travailler une bride dans la maille suivante, en tout réalisant deux opérations sur une seule maille précédente

pic - picot : une petite boucle

picot (pi) : une petite boucle réalisée par une ou plusieurs mailles en l'air, qui permet de créer un effet décoratif ou de fixation dans l'ouvrage.

pt grp - point groupé : un groupe de mailles travaillées dans la même maille pour créer un effet de texture pt picot - point picot : une petite boucle créée en réalisant une maille en l'air et en la fixant à la maille précédente

pt picot - point picot : une petite boucle formée par une ou plusieurs mailles en l'air, qui est ensuite fixée avec une maille serrée pour créer un relief décoratif.

rang - rangée : une série de mailles travaillées sur une ligne horizontale, généralement de gauche à droite.

rang (r) : une série de mailles travaillées de gauche à droite (ou de droite à gauche) sur l'ouvrage, qui permet de créer des formes et des motifs en crochet.

rep - répéter : une instruction pour répéter une séquence de mailles ou d'actions précédemment données.

tour - tour : une série de mailles travaillées en cercle, généralement de droite à gauche.

tour (t) : une série de mailles travaillées dans le sens des aiguilles d'une montre (ou dans le sens inverse), qui permet de créer des formes et des motifs en crochet. Les tours peuvent être utilisés pour créer des bords ou des motifs circulaires.

tr - triple bride : une maille de base dans laquelle le fil est enroulé trois fois autour du crochet avant d'être inséré dans la maille précédente, puis enroulé à nouveau trois fois autour du crochet et tiré à travers deux boucles à la fois.

tr - triple bride : une maille plus haute que la double bride, dans laquelle le fil est enroulé trois fois autour du crochet avant d'être inséré dans la maille précédente.

trav - travailler : une instruction pour continuer à travailler les mailles dans l'ouvrage.

1.2 Outils

Souvenez-vous que si vos mailles sont trop serrées ou trop lâches, votre projet fini risque d'être légèrement différent de celui du modèle. Si vous avez des mailles serrées, vous pouvez choisir une taille de crochet plus grande, et une taille de crochet plus petite si vous avez des mailles lâches - pour l'instant. Essayez de produire des mailles régulières, ni trop serrées ni trop lâches. C'est en forgeant qu'on devient forgeron, et vous en apprécierez sûrement chaque minute. Voici le matériel et les outils dont vous aurez besoin.

Votre fil

Les fils de crochet existent en différentes catégories et épaisseurs, et vous devez utiliser la bonne taille de crochet en fonction de l'épaisseur de votre fil.

Les boules de fil sont accompagnées d'une jauge de crochet qui indique le nombre de points à réaliser en quelques centimètres (généralement quatre). Dans le tableau ci-dessous, la jauge utilisée est de deux au lieu de quatre. Si vous avez suivi la bonne taille de crochet à utiliser, et que le nombre donné était très éloigné du nombre de mailles sur la jauge de crochet, cela signifie seulement que vous avez un problème de tension de vos mailles.

Si vous avez plus de mailles que le nombre de mailles indiqué sur la jauge de crochet, c'est que vos mailles sont trop serrées. Pour créer un équilibre, vous pouvez utiliser une taille de crochet plus grande que celle proposée.

Si la quantité de nœuds est inférieure au nombre de mailles de la jauge du crochet, alors votre :

Symboles et poids Par catégories	LACE 0 DENTELLE	SUPER FINE 1 SUPER FIN	FINE 2 FIN	LIGHT 3 LÉGER	MEDIUM 4 MOYEN	BULKY 5 BULKY	SUPER BULKY 6 TRÈS ÉPAIS	JUMBO 7 GÉANT
Catégories de fil	Lace ou dentelle	Sock, fingering, baby	Sport, Baby	DK, Light Worsted	Worsted, Afghan, Aran	Chunky, Craft, Rug	Super Bulky, Roving	Jumbo, Roving
Mètres/100 g	800 m et plus/ 100 g	350 à 400 m	280 m environ/100g	200 m environ/100 g	180 m environ/100 g	150 m environ/100 g	100 m environ/100 g	90 m environ/100 g
Taille du peigne métiers à tisser Rigid Heddle	15 fils au pouce	10 à 12,5	10 à 12,5	7,5 à 10	7,5 à 8	5	2,5 à 5	2,5
Jauge tricot Pour 4 inches	33-40 mailles 10 cm/4	27-32 mailles	23-26 mailles	21-24 mailles	16-20 mailles	12-15 mailles	7-11 mailles	6 mailles et moins
Aiguilles recommandées – système métrique	1,5-2,25 mm*	2,25-3,25 mm	3,25-3,75 mm	3,75-4,5 mm	4,5-5,5 mm	5,5-8 mm	8-12,75 mm	12,75 mm et plus
Aiguilles recommandées – système américain	000-1	1 à 3	3 à 5	5 à 7	7 à 9	9 à 11	11 à 17	17 et plus
Jauge crochet Pour 4 inches	32-42 "	21-32 mailles	16-20 mailles	12-17 mailles	11-14 mailles	8-11 mailles	7-9 mailles	6 mailles et moins
Crochets recommandés – système métrique	Acier 1.6–1.4 mm Crochet régulier 2.25 mm	2.25— 3.5 mm	3.5— 4.5 mm	4.5— 5.5 mm	5.5— 6.5 mm	6.5— 9 mm	9— 15 mm	15 mm et plus
Crochets recommandés – système américain	Acier 6, 7, 8 crochet régulier B–1	B–1 à E–4	E–4 à 7	7 à I–9	I–9 à K–10 1/2	K–10 1/2 à M–13	M–13 à Q	Q et plus

les points sont trop lâches. Vous devez utiliser un crochet plus petit.

En règle générale, la jauge de crochet et la taille du crochet sont indiquées sur l'étiquette du fil. Il est recommandé de choisir un fil moins cher comme fil d'entraînement. Il est prudent de choisir un fil moins cher car vous êtes encore en phase d'apprentissage. Il est également judicieux de choisir des fils de couleur claire ; vous verrez clairement.

Vous pourrez ainsi voir clairement votre erreur (au cas où) et faire les ajustements nécessaires.

Le tableau ci-dessous peut vous aider à comprendre et vous donner une idée des différents fils de crochet et des tailles de crochet à utiliser.

Fil acrylique :

Les amateurs de crochet apprécient beaucoup l'acrylique.

Elle fait habituellement partie des fils abordables, se décline en différentes couleurs et est largement disponible. C'est un choix plus qu'acceptable pour les débutants. Cependant, vous devez savoir que certains des acryliques les moins chers se séparent, ce qui rend le travail difficile. Ce cas n'est normalement pas prévu, mais il se produit. En conséquence, si vous avez du mal à travailler avec l'acrylique, essayez de changer de marque ou d'utiliser de la laine ou du coton à la place.

Fils de coton :

C'est une fibre non élastique, ce qui la rend plus difficile à travailler que la laine. En revanche, lorsque vous souhaitez que l'article conserve sa forme, cette qualité fait du coton un excellent choix pour des projets spécifiques.

Malgré le fait que certains le trouvent un peu plus difficile que la laine, il n'est pas du tout différent, et c'est quelque chose que vous pouvez certainement essayer en tant que débutant. Si vous crochetez pendant l'été, lorsque le travail avec la laine est désagréable en raison de la chaleur, le coton est un excellent choix car il est plus léger que la laine.

Fils de Laine :

La laine est le choix idéal pour pratiquer vos points.

Elle pardonne les erreurs et est une fibre résistante. Lorsque vous faites une erreur au crochet, la plupart des fils de laine sont faciles à démêler et même à réutiliser (au crochet, cela s'appelle le repoussé). Le fil de laine ne convient pas aux personnes allergiques à la laine, mais c'est un bon choix pour la plupart des crocheteurs.

Conseils et Remarques sur les Fils.

Fibres animales

La laine, l'alpaga, le mohair, l'angora et la soie d'alpaga sont des exemples de tissus d'origine animale utilisés pour la fabrication de fils.

La laine est une alternative très courante qui permet d'obtenir un tissu duveteux, très chaud et très agréable à porter. La laine provient de moutons et est disponible en plusieurs teintes et poids.

La laine d'alpaga provient d'un animal du même nom, qui présente une certaine brillance. Elle est très chaude et douce au toucher.

Le fil d'alpaga est une bonne alternative à la laine, et le drapé du tissu est doux.

Les fibres utilisées pour le fil mohair sont fournies par les chèvres. Le fil mohair doux provient des jeunes chèvres, tandis que les chèvres plus âgées produisent un mohair plus grossier. Le fil de mohair des jeunes chèvres, tandis que le mohair plus grossier provient des chèvres plus âgées.

Avec des couleurs très vives, le fil de mohair peut être teint et conserve très bien ces couleurs.

La laine cachemire est fabriquée à partir de la fourrure du bas-ventre d'une race spéciale de chèvre. La laine angora provient du lapin angora. Ces deux types de fils sont très luxueux et doux. De magnifiques drapés sont également disponibles avec ces deux types de fils. Ces fils sont très chers et très agréables à utiliser.

Pour donner de la force, de la brillance et de la texture au fil, les fibres de soie proviennent du ver à soie et sont généralement mélangées à d'autres fibres. La soie est un complément de fil incroyablement beau, et vous en trouverez d'exceptionnellement beaux.

Fibres végétales

Les fibres végétales sont des tissus très solides qui conservent bien leur couleur. Avant de s'y habituer, les fils de fibres végétales peuvent être un peu rigides à travailler, mais ils conviennent à la fabrication de produits de cuisine et de bain ainsi que de vêtements d'été.

Champ de lin

Pour obtenir un tissu très robuste et résistant, on utilise des fibres de coton. Elles existent en différents poids et peuvent être utilisées pour les dentelles et les napperons, pour les fils de coton délicats, ou pour les fils lourds utilisés pour les tapis et les nattes.

Le bambou est souvent utilisé pour fabriquer un fil très solide, plus brillant que le coton. Les tissus crochetés avec du fil de bambou ont une bonne description des points et un beau drapé.

Pour fabriquer un fil de lin, on utilise des fibres de lin. Pour les vêtements d'été, le lin est une alternative idéale car il évacue l'humidité et le tissu respire. Il est très robuste et se décline en plusieurs coloris.

Le chanvre est un autre tissu végétal durable. Le fil de chanvre peut être utilisé pour tout projet nécessitant du coton ou du bambou. Il existe toute une gamme de couleurs et de textures.

Fibres synthétiques

L'acrylique est l'un des types de fils les plus courants, il est fabriqué à partir de fibres à base de pétrole synthétique, durable et extrêmement facile à travailler, il peut être coloré en plusieurs couleurs assorties. Il existe plusieurs types distincts de fils acryliques, du petit fil à doigts au gros fil épais. La majorité des textures sont même livrées avec du fil acrylique. Le travail est simple et offre une certaine souplesse, ce qui en fait la meilleure option pour les débutants.

Vous trouverez ici de la laine acrylique avec des paillettes, des cristaux et d'autres embellissements. Le fil de faux-cils est un acrylique amusant à travailler. Ses petites fibres imitent les cils et sont utilisées dans de nombreux projets avec d'autres types de fils pour réaliser de superbes embellissements. Fun fur est une autre laine acrylique amusante. Avec ce type de fil synthétique, vous pouvez facilement réaliser des pièces en fausse fourrure.

Fil acrylique panaché

Le nylon, le polyester et la microfibre sont d'autres formes de fils synthétiques. Pour ajouter de l'élasticité, de la brillance et de la texture, ces fibres sont généralement mélangées à d'autres formes de fils.

Poids des fils

De la laine " floconneuse ", utilisée pour la dentelle et les articles de puériculture, à la laine ultra volumineuse, il existe différents poids de laine. Les fabricants de fil utilisent une méthode structurée pour déterminer le poids du fil.

Le Conseil de l'artisanat du fil (Craft Yarn Council) propose une carte utile qui présente les différents poids de fil et leur utilisation.

Crochet

Il sert à faire des boucles et à les emboîter pour former des mailles. Les crochets sont composés d'acier, de plastique, d'aluminium, d'os, d'écaille de tortue ou de bois, entre autres matériaux. Il appartient à chacun de choisir un crochet confortable. Le choix est toutefois essentiellement déterminé par la taille du fil et les trous souhaités, ainsi que par les instructions spécifiées dans le modèle.

Les crochets sont de tailles, de conceptions et d'épaisseurs différentes. Il est impératif de noter qu'un crochet plus grand sera utilisé avec des fils plus épais, tandis qu'un crochet plus petit sera utilisé avec des fils plus fins.

Pour débuter au crochet, un bon choix est, pour commencer, un crochet en aluminium I/9-5,50 mm Il est très confortable pour les débutants car il est léger et le fil s'y accroche très bien tout en créant des points plus gros et plus faciles à voir.

Tableau de conversion des crochets

Voici un tableau qui indique le type de crochet que vous pouvez utiliser pour chaque type de fil. Attention à la taille du crochet (certaines tiges présentées dans le tableau sont plus longues ou plus courtes que la taille réelle) ; les tiges des différentes tailles de crochets ont les mêmes longueurs, selon le fabricant. L'acier et l'aluminium sont les matériaux les plus courants pour les crochets. Vous pouvez trouver des crochets en bambou, en plastique et des combinaisons de matériaux variés. Vous pouvez choisir n'importe quel matériau pour le crochet, mais assurez-vous de choisir un crochet qui a une bonne prise.

On trouve des crochets bon marché et des crochets chers avec des motifs fantaisistes, mais il est préférable de commencer avec un crochet de base bon marché.

La sélection de vos crochets

Comme nous l'avons déjà mentionné, un débutant devrait choisir un crochet de taille F, G, H ou I U.S. et un fil fin à moyen. Consultez le tableau des tailles de crochet pour connaître les différentes tailles de crochet et leur matériau.

Tout d'abord, faites un petit tour pour apprendre la bonne façon de tenir votre crochet et les différentes poignées.

tableau des crochets en acier (crochets filetés)		
métrique	É-U	R-U
.6 mm	14	6
.75 mm	13	-
.70 mm	12	5
.8 mm	11	-
1 mm	10	4
1.15 mm	9	-
1.25 mm	8	3
1.50 mm	7	2.5
1.6 mm	6	-
1.7 mm	5	-
1.75 mm	4	2
1.85 mm	3	-
1.95 mm	2	-
2 mm	1	1
2.25 mm	0	00
3 mm	00	-

tableau de conversion du crochet		
métrique	É-U	R-U
2.00 mm	-	14
2.25 mm	1 / B	13
2.50 mm	-	12
2.75 mm	C	11
3.00 mm	-	11
3.25 mm	D	10
3.50 mm	4 / E	9
3.75 mm	F	-
4.00 mm	6	8
4.25 mm	G	-
4.50 mm	7	7
5.00 mm	8 / H	6
5.50 mm	9 / I	5
6.00 mm	10 / J	4
6.50 mm	10 1/2 / K	3
7.00 mm	-	2
8.00 mm	-	0
9.00 mm	15 / N	00
10.00 mm	P	000
15.75 mm or 16mm	Q	-

Acier

La plupart des crochets en acier sont utilisés pour les petits motifs et sont souvent associés à du fil fin. Les crochets en acier sont également connus sous le nom de crochets à fil. Les napperons et les mouchoirs sont des exemples d'ouvrages que vous pouvez réaliser avec ces crochets.

Types de crochets

Alors, vous avez vu le diagramme et les poignées. Mais en quoi consistent réellement ces crochets et que devez-vous savoir d'autre à leur sujet ?

Lisez ce qui suit et découvrez-le :

Aluminium

Les crochets en aluminium sont très flexibles. Ils sont disponibles dans un grand nombre de tailles et permettent de crocheter rapidement et facilement.

Bambou

Les crochets en bambou sont reconnus pour leur chaleur et leur légèreté. Ils peuvent être petits ou grands, sans jamais se situer entre les deux.

Plastique

Les hameçons en plastique peuvent être de taille courante ou géante. Ils sont faits de plastique creux et sont également légers.

Tunisien

Pour finir, vous avez les crochets tunisiens. Ils sont plus longs que les crochets ordinaires, parfois, les crochets tunisiens sont appelés crochets croisés. Ils sont connus pour avoir des crochets aux deux extrémités, et c'est pourquoi ils sont parfois déconseillés aux débutants.

Les crochets tunisiens sont généralement utilisés pour réaliser des ouvrages qui ressemblent à des projets tricotés. Cela signifie que le tissu n'a pas le même aspect que les projets crochetés normaux. En effet, les mailles restent sur le crochet pendant que vous réalisez le projet, au lieu d'être sur le canevas lui-même.

Hameçons Lumineux

Si vous souffrez un peu d'insomnie ou si vous voulez simplement faire du crochet au milieu de la nuit sans déranger personne, les crochets lumineux sont ce qu'il vous faut.

Ils sont allumés à la pointe afin qu'il soit plus facile de voir où vous allez insérer le crochet pour crocheter. Il s'agit généralement de crochets ordinaires qui s'illuminent.

Hameçons Ergonomiques

Il peut être, dans certains cas, très inconfortable de crocheter longtemps avec des crochets ordinaires, surtout si vous souffrez d'affections de la main telles que l'arthrite ou le canal carpien. Par bonheur, les crochets ergonomiques sont dotés de poignées plus larges qui facilitent la prise en main et permettent de crocheter plus facilement et plus longtemps.

Knock

Un Knock ressemble à un hameçon habituel, mais son extrémité est percée d'un petit orifice où l'on insère le fil pour maintenir les points.

Éléments à retenir

Les tailles de crochet ne sont pas universelles. Il existe donc des tailles métriques, américaines et anglaises, et d'autres encore. N'oubliez pas que la taille dépend toujours du pays où les crochets ont été fabriqués, de la marque et du matériau.

Le diamètre de l'hameçon détermine souvent la taille de celui-ci. La tige est le point situé entre l'aiguille et l'hameçon. Cela vous aidera à comprendre la taille de vos points de couture.

La meilleure chose à retenir à propos de la taille est que les crochets fabriqués aux États-Unis sont représentés par des lettres dans leur taille. Plus la lettre de l'alphabet est éloignée, plus les crochets sont gros.

N'oubliez pas que les crochets en acier conviennent mieux aux fils de dentelle. Notez que plus le chiffre est petit, plus les crochets sont gros.

Aiguille à tapisserie

Dans certains projets, vous devez coudre votre ouvrage et vous aurez besoin d'une aiguille à tapisserie pour cela. Vous pouvez également utiliser l'aiguille à tapisserie pour coudre un appliqué au crochet sur votre projet si cela peut le rendre plus attrayant.

L'aiguille est généralement plus grande que la moyenne des aiguilles à coudre et possède une pointe arrondie (émoussée). Elle est dotée d'un chai d'enfilage qui permet d'enfiler n'importe quel fil, bien qu'il puisse ne pas convenir aux fils volumineux.

Souvent utilisées pour le point de croix, les aiguilles à tapisserie s'avèrent également utiles pour le crochet, en particulier si vous souhaitez ajouter plus de détails à votre projet.

Comme vous l'avez peut-être remarqué, plus l'aiguille est grande, plus le numéro est petit. N'achetez donc pas une aiguille à grand numéro en pensant qu'il s'agit d'une aiguille à petit nombre.

Critères de choix des aiguilles à tapisserie

Vous vous demandez peut-être comment choisir vos aiguilles à tapisserie. En général, il faut s'assurer d'utiliser le type d'aiguilles qui s'adaptera facilement au fil avec lequel vous travaillez. Cela signifie que vous devez utiliser la plus petite aiguille disponible, mais pas nécessairement la plus petite de toutes les tailles, car elle ne serait d'aucune utilité pour votre tissu.

Outils supplémentaires

Crocheter est facile et amusant ! Cependant, il faut disposer du matériel adéquat pour mener à bien un projet. Les outils suivants sont essentiels pour les projets de crochet :

Ciseaux :

Ils sont utilisés pour couper le fil après la finition d'un vêtement ou la réalisation de coutures. Une petite paire de ciseaux émoussés en bon état convient pour un projet de crochet.

Ruban à mesurer flexible :

Utilisé pour marquer la longueur et la largeur afin d'établir la mesure requise par le modèle ; un mètre souple convient pour relever les rangs droits et les rangs arrondis.

Règle de mesure :

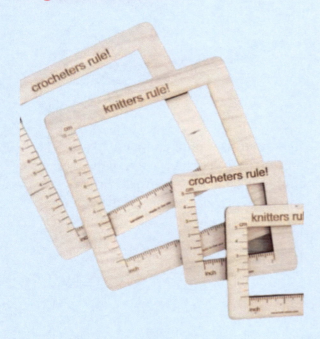

Ce dispositif en forme de L de 5 cm est utilisé pour mesurer le nombre de rangs et de mailles dans un pouce.

Épingles en T :

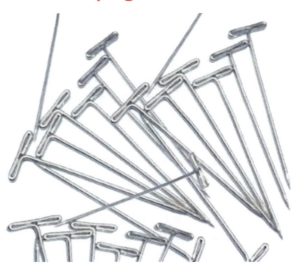

Ils sont utilisés pour bloquer et sécuriser les pièces du projet lors de la mesure, de l'assemblage ou du blocage.

Marqueurs de mailles :

Ces outils se glissent dans un vêtement pour indiquer un certain passage, comme la jonction de tours continus, les points d'augmentation ou les points de diminution. Ils indiquent le début ou la fin d'un nœud, ce qui permet de ne pas s'égarer. Ils existent en différentes couleurs pour faciliter le travail.

Un crayon et un petit papier :

Elles sont utilisées pour noter le rang ou le cercle que l'on est en train de crocheter ou le nombre de fois que les mailles ont été répétées. Ils sont également utiles pour écrire de petites notes sur chaque projet.

Compteur digital de rangs :

Cet outil facilite le suivi des travaux de crochet, comme le nombre de rangs effectués ou de rangées complétées, ce qui permet de gagner du temps.

Organisateur d'outils de crochet:

Cette image est un exemple d'un organisateur d'outils de crochet utile qui contient un rangeur de crochets, des ciseaux et un mètre ruban, parmi d'autres équipements de crochet. Vous pouvez fabriquer un porte-outil pour le crochet ou en acheter un dans différents magasins.

Plan de blocage :

Tout crocheteur a besoin d'une bonne base pour bloquer les pièces de crochet. Toute superficie plane et douce, comme un lit, suffirait, mais une planche ou un tapis, comme illustré ici, conviendrait mieux pour bloquer les pièces.

1.3 Crochet main droite

Main droite

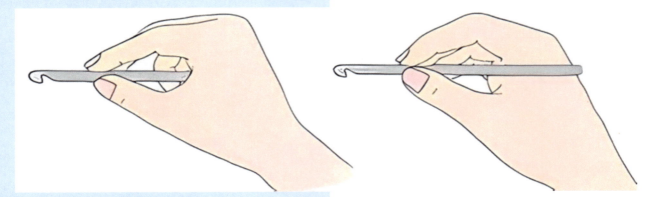

Le crochet, considéré comme l'une des activités domestiques préférées des droitiers, est plutôt à l'opposé des aspects fondamentaux du crochet des gauchers.

Traditionnellement, c'est une activité que nos mamans ou nos grands-mères ont pratiquée très tôt, la simplicité et les raisons qui poussent les gens à s'adonner au crochet.

Le crochet est une technique de tricotage pour vos matériaux comme les couvertures, les pulls, ou les vêtements faits avec des fils. Cette activité est sans effort et ne nécessite que la présence d'un fil et d'un crochet.

Il faut également coordonner les doigts et le fil pour former une boucle. Le travail peut comporter des points simples ou doubles, en fonction du type de tissu que vous tricotez.

La main que l'on utilise habituellement est très importante pour cette activité. La plupart des gens sont droitiers et un faible pourcentage est gaucher. Je suis sûr que la plupart d'entre vous ont déjà rencontré des gauchers et que vous vous demandez comment ils effectuent leurs différentes tâches.

Les scientifiques pensent que l'utilisation de la main gauche est influencée par la partie droite de la pensée cérébrale. L'utilisation du côté droit est quant à elle contrôlée par la partie gauche de la mentalité cérébrale.

Vous remarquerez peut-être certaines différences significatives dans l'utilisation de ces mains. Tout d'abord, la main droite est un moyen naturel de faire fonctionner les choses. La partie gauche du cerveau est principalement analytique, habile et verbale ; la droite utilise donc principalement cette partie.

La partie droite, utilisée par les gauchers, est principalement intuitive, et la personne concernée est surtout créative et critique. En tout état de cause, toute main dominante est plus forte que l'autre. Toutefois, le côté droit est préféré pour la broderie, car il faut faire preuve d'esprit d'analyse pour réussir le crochet.

La construction d'un modèle en couture n'est pas chose aisée ; elle exige une concentration maximale et la coordination du cerveau avec les doigts.

Pour réaliser un crochet parfait, il faut d'abord savoir comment se procurer le matériel adéquat pour cette activité. Il est essentiel d'avoir des crochets et des fils de qualité pour réaliser une opération de qualité. Les éléments suivants sont à prendre en compte lors de l'acquisition de ces équipements.

Comment trouver un bon fil pour les crochets de droitier :

Les crocheteurs droitiers doivent, comme pour tout autre crochet, suivre une série d'étapes pour déterminer le fil qui convient le mieux à leur projet, le premier facteur est de méditer sur les tenues à coudre.

Le style de crochet pour les couvertures est différent de celui des pulls ou autres vêtements, certains vêtements nécessitent même une triple piqûre, tandis que d'autres se crochètent à l'unité, a cet égard, réfléchissez à l'aspect que vous souhaitez donner au vêtement.

Il existe des fils métalliques ou des fils de rayonne spécifiques, qui sont brillants et colorés. Ils rehaussent donc l'apparence du vêtement, votre priorité est de produire un tissu attrayant et agréable à porter.

Il convient de se procurer un bon fil avant de tisser votre étoffe, certains fils sont standard et ne se cassent pas facilement, et ils sont également durables, la qualité doit être l'un des facteurs à prendre en compte pour choisir le bon fil.

Les fils à base de coton sont utiles car ils sont faciles à laver et ne s'arrachent pas facilement, de plus, ils ne se décolorent pas rapidement et conservent leurs qualités nutritives, imaginez à quel point il serait pénible d'empaqueter un fil qui saigne avec votre chemise blanche.

Les broderies en soie présentent le plus souvent ce caractère, au moment d'acheter un fil, il convient donc d'examiner attentivement les propriétés des matériaux qui le composent.

La taille de la fibre est également cruciale pour vos projets de crochet, vous devez tenir compte du tissu nécessaire pour le pull ou le tissu de couture, même le nombre de vêtements pour vos enfants ou votre famille déterminera le fil à acheter.

Déterminez comment ces articles sont vendus pour connaître la quantité que vous êtes en mesure d'acheter, demandez aux vendeurs de vous indiquer la taille des vêtements pour lesquels vous pouvez produire un rouleau de fil spécifique.

Ces mesures vous aideront à établir votre budget. Évaluez la façon dont le tissu est emballé sur le présentoir du magasin, la plupart des fils sont emballés en rouleaux, en pelotes, en écheveaux ou en écheveaux.

Tous ces types d'emballage améliorent leur présentation dans le magasin, à ce stade, vous devez vous demander pourquoi les fils sont disposés de la sorte, car il faut éviter qu'ils ne s'entrecroisent. Il est difficile de défaire de tels nœuds lorsqu'un fil s'emmêle, ce qui s'avérerait fastidieux lorsque l'on est pressé de tricoter.

Évaluer les différents types de fils à acheter ; cela nécessite des recherches approfondies pour connaître un produit, il existe de nombreux types de fils, cependant, avec la connaissance pratique de votre modèle de crochet, vous pouvez choisir le meilleur.

Faites appel à des experts qui vous recommanderont les meilleurs fils du marché, certains de ces fils sont en coton ou en soie, ce qui permet d'obtenir des fils relativement complexes qui ne se coupent pas facilement.

Vous pouvez en tenir compte lorsque vous cousez des chapeaux, des pulls ou des nappes, quelques-uns constituent une forme d'embellissement de votre habillement, comme les fils panachés, les fils de tapisserie, et bien d'autres.

Enfin, le coton perlé dur convient à la couture de couvertures en raison de ses points durs, le prix est l'aspect prédominant que l'on doit prendre en considération lors de l'achat d'un article.

Ces fils sont proposés à des prix différents. Il vous appartient, en tant qu'acheteur, de vous renseigner sur ce que les détaillants proposent sur le marché. Réfléchissez à la manière dont ces rouleaux de ficelles sont vendus ; achetez donc dans un magasin relativement abordable.

Toutefois, n'échangez pas des articles de qualité contre des prix moins élevés, car la plupart des produits de qualité inférieure sont plus raisonnables. Le prix doit donc être fixé après avoir choisi l'article standard dont vous avez besoin.

Pour que le travail soit bien régulier, il faut travailler le dernier triple crochet de la rangée jusqu'à la quatrième chaîne de la chaîne tournante à la fin de la rangée précédente.

Demi-bride Crochet

C'est un type de point de crochet belle, et vous devriez essayer de le maîtriser car il est si polyvalent. Si vous êtes à l'aise avec maille serrée, et bride simple, cela devrait être un morceau de gâteau.

Il est également plus court que le modèle de point de bride simple, choisissez le fil que vous utiliserez et crochet taille qui convient à votre travail, il y a tellement de vous pouvez utiliser, et les modèles indiquera ce dont vous avez besoin.

Si vous n'utilisez pas un modèle, il suffit de choisir votre fil d'abord, et l'étiquette aura des informations sur la taille du crochet dont vous aurez besoin. Vous pouvez essayer fil de poids peigné avec un crochet de taille H comme un débutant.

Suivez ces instructions simples pour obtenir le savoir-faire a demi-bride crochet :

Point au crochet

Crocheter une chaîne comme votre fondation.

Travailler avec la première moitié et l'insérer dans la chaîne au troisième point de la chaîne. Gardez à l'esprit que si vous êtes crochet en rangées, commencer chaque rangée avec la chaîne de tournage. Pour votre crochet demi-double, deux pour la chaîne de tournage.

Fil sur et puis insère votre crochet dans le point. Le fil sur est ce qui lui donne la hauteur.

Fil sur une fois de plus, puis passer par la maille. À ce point, vous aurez trois boucles sur votre crochet maintenant.

Encore une fois, fil sur, et puis vous passez à travers les trois boucles cette fois.

Répétez ces étapes pour créer plus de points de crochet demi-double, crocheter à travers votre chaîne de fondation, puis à travers les autres points dans les rangées suivantes.

Pour résumer tout cela pour vous, le crochet demi-double va comme suit : La première étape est de fil sur, puis insérer le crochet dans le point suivant sur la première chaîne, puis répétez le même processus. Quelques informations utiles demi-double crochet :

- ✓ Il est assez courant de remplacer la maille double par une maille demi-double si vous préférez une maille plus courte qui ressemble.
- ✓ Si vous aimez les couvertures au crochet, vous pouvez utiliser la moitié des points de crochet double car ils font les plus belles bordures.

Tourner les chaînes

Ce sont des chaînes à la toute fin de la rangée, qui sont faites là pour vous permettre de travailler d'une rangée à l'autre tout en maintenant la hauteur de la rangée.

Le nombre de points de chaîne dans la chaîne de tournage varie en fonction du point que vous travaillez dans cette rangée.

C'est un point de chaîne pour un seul crochet ; pour un demi-bride crochet, il est deux, et les points de bride simple crochet utilisent trois points de chaîne dans la chaîne de tournage. Les lignes travaillées en crochet aigu utilisent généralement quatre points de chaîne dans leur chaîne de tournage.

Autres points importants

Comment tenir l'hameçon pendant le crochet ?

Le crochet doit être correctement tenu tout en faisant le travail au crochet. Cela permettra de réduire l'incidence de la douleur dans votre poignet et de faire votre travail aller en douceur. Ils sont la prise de crayon et la prise de couteau.

Le crayon tient

Saisir votre crochet est en le tenant avec votre pouce, index et majeur. Vous pouvez juste imiter la façon dont vous allez tenir votre crayon d'écriture.

Le couteau tient.

Vous pouvez également le tenir comme votre couteau, avec votre paume sur le manche, vos trois doigts enroulés autour, et votre index pointant vers la tête du crochet.

En réalité, nous avons tous des façons différentes de gérer les choses. Nous tenons tous nos crayons différemment, ce qui explique en partie les différences d'écriture.

Deux personnes différentes pourraient également avoir différentes façons de tenir le couteau, donc trouver le style qui vous convient et crochet loin.

Les bons et les mauvais côtés d'une pièce de Crochet

Dans l'art du crochet, travailler sur le mauvais côté pourrait conduire le crocheter à faire des erreurs et par conséquent conduire à grenouille. Travailler sur le mauvais côté peut également donner un résultat de crochet entièrement différent de ce que le crochet avait.

1.3 Gaucher

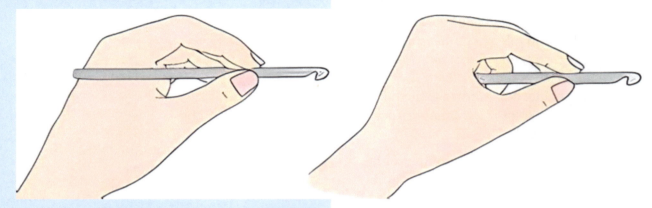

La particularité du crocheteur gaucher réside dans le fait qu'il va à l'encontre du statu quo actuel, en effet, les crocheteurs gauchers ont dû puiser leurs connaissances chez les crocheteurs droitiers, penser à cela est un peu difficile pour les crocheteurs gauchers.

Vous pouvez imaginer apprendre une compétence d'une personne qui ne la comprend pas.

Eh bien, c'est du passé.

Aujourd'hui, la situation est différente, car les gauchers disposent de nombreuses sources d'information, ces sources comprennent divers tutoriels, des patrons et des enseignants qui se sont engagés à diffuser la maîtrise de cet art.

Le fait de crocheter pour les gauchers est similaire à celui de crocheter pour les droitiers, en effet, le crochet pour gaucher emprunte beaucoup au crochet pour droitier, il peut sembler être le reflet de l'autre.

Le gaucher tient son crochet de la main gauche, tandis que le droitier s'assure que le crochet se trouve du côté droit, il existe plusieurs façons de tenir le crochet. Il s'agit notamment de la prise du couteau ou de la prise du crayon.

Dans ce cas, le crocheteur peut manipuler le crochet de la manière qu'il souhaite, avec les gauchers, l'apprentissage des bases et le suivi des modèles de crochet sont subtils.

La raison en est qu'ils s'efforcent d'apprendre à maîtriser ce qu'ils n'ont pas fait quotidiennement., de plus, de nombreux modèles de crochet suivent la direction des modèles pour droitiers.

Afin de rendre cette situation moins subtile pour les gauchers, il est nécessaire d'apprendre les bases du crochet pour gauchers, vous trouverez ci-dessous les différentes étapes qui peuvent s'avérer très utiles pour commencer à crocheter de la main gauche ou pour maintenir la perfection de cette technique.

Le crochet doit être dans la main gauche

Pour crocheter en tant que gaucher, vous devez placer le crochet dans votre main gauche, de cette façon, votre main droite aura toute latitude pour soutenir l'ouvrage que vous manipulez.

Le crochet est doté d'une partie plate qui joue un rôle clé dans l'utilisation de l'ouvrage, lorsque vous exécutez l'ouvrage, votre pouce et votre doigt doivent se trouver sur la partie plate du crochet.

Tenir le crochet correctement est essentiel pour la pratique de la couture, la prise du crochet doit être maintenue et équilibrée tout au long de la couture.

Le chaînage

La base du crochet commence avec cette étape, au début d'un projet de crochet, il faut s'entraîner à l'enchaînement, c'est l'une des techniques les moins subtiles du crochet.

Pour y parvenir, vous devez commencer par vous assurer que vous bouclez le fil sur votre doigt, cela se fait souvent en deux fois - votre doigt étant ici l'index.

L'étape suivante consiste à tirer doucement la deuxième boucle à travers la première, le résultat de cette opération est ce que nous appelons une maille glissée, une fois ce point réalisé, vous devez vous assurer que vous faites glisser la boucle sur votre crochet et que vous la bouclez.

Après cela, vous libérez l'extrémité du fil sur le crochet, vous devez glisser un nouveau fil dans la boucle déjà inexistante pour faire une autre boucle.

Pour que le nombre de chaînes augmente, vous devez effectuer cette activité de manière continue, c'est ainsi que vous constaterez que vous avez réalisé une chaîne, la formation d'une chaîne est l'étape la plus élémentaire du crochet puisque vous effectuez cette activité en permanence.

La chaîne ne doit être limitée qu'aux objectifs de votre projet, en abrégé, la chaîne est souvent désignée par l'abréviation "**ch**".

Maille Coulée (mc)

Comme on le sait, un point d'arrêt peut également être appelé point de jonction. Le processus de la piqûre coulissante implique l'insertion du crochet à travers la maille.

Une fois cette étape réalisée, vous devez reprendre le fil, pour compléter la formation de la maille coulée, vous devez vous assurer que le nouveau fil passe à travers le point.

Vous avez alors réalisé la maille coulée, grâce à cette dernière, vous pouvez vous déplacer d'un point à un autre, il peut également servir de lien entre deux points, la jonction de deux mailles est cruciale, par exemple, lorsqu'on fait un tour au crochet.

Le Maille Serrée (ms)

Il résulte de la réalisation de modèles, pour réaliser ce type de point, vous devez d'abord vous assurer que le crochet passe à travers la maille, puis que le fil passe à travers les deux mailles.

Après cela, vous devez vous assurer que votre fil est terminé, il faut alors tirer le fil à travers les deux boucles afin de le crocheter, lorsqu'on abrège un point de crochet simple, on le désigne souvent par "**ms**".

Bride Simple (bs)

Après avoir réalisé un crochet simple, l'étape suivante consiste à réaliser une bride simple, il existe d'autres types de crochets qui sont également courants, vous devrez repiquer deux fois pour doubler l'effet du bride simple, la deuxième fois, vous devrez insérer le crochet dans la maille avant de lancer le fil.

Une fois cela fait, vous avez déjà la première maille, lorsque cette maille est en place, vous devez tirer sur cette maille, puis sur le fil, vous avez deux mailles en place, et vous pouvez donc passer le crochet à travers elles, puis reprendre le fil.

Après vous aurez traversé les deux dernières mailles, vous en aurez terminé avec le point, pour désigner la bride simple, on indique "**bs**".

Demi-bride (demi-b)

Ce type de point n'est pas très connu, bien qu'il soit essentiel, apprenez à connaître ce type de point, en effet, lors de travaux plus complexes, vous devrez adopter ce type de maille particulier.

Pour réaliser ce type de point, vous devez retourner le fil, puis vous assurer que le crochet entre dans le nœud, après avoir terminé cette opération, vous devez refaire un fil, mais cette fois-ci, vous tirez sur plusieurs mailles.

Il peut y en avoir trois. Le demi-double crochet est souvent appelé "**demi-b**".

Double bride (dbr)

Maintenant que vous connaissez la **ms** et le **bs**, vous devez vous concentrer sur l'acquisition de la connaissance de la double bride, pour réaliser un triple crochet, votre premier geste sera de reprendre le fil deux fois.

Ainsi, vous serez en mesure de vous assurer que le crochet entre dans la maille et que vous pouvez repasser le fil une fois de plus, ensuite, vous devez tirer ce fil à travers les quatre boucles existantes.

Cela fait, vous devrez faire passer le crochet à travers deux boucles, après quoi vous devrez recommencer à filer, pour terminer le point, envisagez de tirer à travers les deux dernières boucles, lorsque vous désignerez ce type de point, vous le ferez d'une manière qui suggère la formation d'un "**dbr**".

Crocheter en cercle

Si vous effectuez ce type d'exercice en tant que gauchère, vous suivrez le même chemin que si vous êtes droitière, nous avons évoqué la réalisation d'une chaînette, qui sera votre premier ordre de marche.

Pour crocheter en cercle, il faut d'abord faire une chaîne, vous avez entendu parler du fonctionnement du mc, et donc après avoir réalisé un menton, vous devrez le ramasser au centre à l'aide d'un mc.

Après avoir réalisé ce travail, vous êtes en mesure d'avancer dans la réalisation de la chaînette, le crochet en rond est un moyen efficace de confectionner des écharpes, des vaches et des chapeaux épais.

Essayez divers points spécifiques

En crochetant, vous pouvez utiliser différents motifs qui s'avèrent pratiques pour créer quelque chose de captivant, nous avons déjà eu une idée de ce qu'impliquent les points de base, et pour comprendre des points plus complexes, nous devons d'abord comprendre les points de base.

Outre les points de base que nous avons déjà mentionnés, d'autres types de points sont utiles pour créer quelque chose d'intéressant, ces types de points comprennent le point de pop-corn, le point de boîte et le point de coquille.

En tant que gauchère, plusieurs facteurs sont à prendre en compte lorsqu'il s'agit de crocheter de manière appropriée. Voici quelques-uns de ces facteurs :

Tutoriels pour gauchers

Le crochet est une activité qui en vaut la peine, lorsque vous vous lancez dans le crochet pour la première fois, vous aurez besoin d'autant d'aide pratique que possible, avec des images de référence, pour comprendre efficacement la formation d'un type de point particulier.

En effet, vous pouvez le voir se former, apprendre à crocheter est une **mission impossible**, en particulier pour les gauchers, on trouve sur Internet de nombreux tutoriels sur l'utilisation de la main gauche au crochet, une personne peut s'en servir lorsqu'elle cherche à faire du crochet.

Avec un tutoriel, vous pouvez suivre l'ensemble du processus de crochetage jusqu'à ce que vous réussissiez.

Il est possible de faire une pause et de revenir en arrière lorsque l'on n'a pas réussi à saisir correctement, de plus, il existe des blogs d'autres crocheteurs gauchers, il est plus facile de les suivre et d'acquérir des connaissances parce qu'elles s'identifient à vous. Il existe également des livres de crocheteurs gauchers, ces livres sont variés sur le marché, et vous pouvez donc choisir celui qui vous est le plus utile.

Suivre le modèle à la lettre

Le crochet pour gaucher consiste à suivre les mêmes modèles qu'un crocheteur droitier, si un modèle est destiné aux crocheteurs droitiers, vous suivrez le modèle à la lettre pour n'utiliser que votre main gauche. Cela signifie également que vous pouvez utiliser de nombreux tutoriels pour droitiers à votre avantage.

Vous pouvez regarder un tutoriel pour droitiers, mais vous constaterez que vous obtenez les mêmes résultats lorsque vous suivez le modèle de la main gauche. Par conséquent, les crocheteurs droitiers et gauchers sont les mêmes.

La seule différence est que l'un utilise sa main droite, tandis que l'autre s'aide de sa main gauche.

Renversement de figures et de tableaux

La plupart des gauchers s'abstiennent d'utiliser les tutoriels pour droitiers, non pas parce qu'ils ne peuvent pas leur être utiles, mais en raison de la perception qu'ils ont déjà de ce type de tutoriels.

Pour s'assurer que cette perception est éradiquée chez les gauchers, ces derniers doivent adopter des schémas et des méthodes qui les avantageront, l'une des procédures les plus discrètes qu'un gaucher puisse adopter pour s'assurer une compréhension plus profonde des pratiques est de les prendre et de les inverser.

En inversant une image prise par un droitier, vous constaterez qu'elle semble provenir d'un gaucher, il y a plusieurs points à noter lorsqu'il s'agit de crocheter pour les gauchers, par exemple, vous devez laisser votre première queue de crochet suspendue.

Cette opération doit être effectuée au début de chaque projet ; son essence est si profondément enracinée qu'il ne faut pas crocheter par-dessus.

Les queues sont utiles lors de la création d'une queue, que vous soyez du côté droit de la queue ou du côté gauche.

Le côté droit se manifeste toujours dans le coin inférieur droit, un autre point à noter pour les gauchers est que chaque fois que vous adoptez une position de reprise, vous le faites dans le sens des aiguilles d'une montre, vous devez maîtriser ce mouvement, car il donne un sens à l'ensemble du processus de crochetage.

Il existe de nombreux modèles pour les gauchers ; il peut s'agir de modèles écrits ou de modèles visuels, bien que les modèles visibles semblent plus faciles à gérer, le crochet pour gauchers est possible pour les deux types de crochet.

En effet, il est demandé au crocheteur de faire le lien entre ce qui est écrit ou le livre et ce qu'il est en train de faire, un motif écrit peut être rapidement suivi en prenant conscience que pour les gauchers, la direction du fil sera légèrement différente.

Certains modèles doivent être inversés pour être mis en œuvre avec facilité et donner les meilleurs résultats. Par exemple, un motif de crochet connu sous le nom de motif de tapisserie nécessite d'être inversé pour fonctionner correctement. Il existe également d'autres motifs, connus sous le nom de motifs colorés, qui doivent être inversés pour fonctionner correctement.

Quand vous inversez le crochet filet, utilisé pour écrire des mots, vous pouvez lire les lettres écrites de manière inversée, quand un gaucher ne travaille pas sur l'inversion de ce travail particulier, vous vous apercevrez que cela crée une confusion sur les rangs et les mailles.

Le résultat attendu n'est pas atteint à cause des différents rangs et points qui ne correspondent pas, les tableaux de symboles sont souvent destinés aux crocheteurs droitiers.

Les gauchers doivent donc suivre la même procédure, telle qu'elle est décrite dans les tableaux de symboles, mais à l'envers.

Cela signifie qu'il faut utiliser le symbole en l'inversant, ce qui implique de créer mentalement une image et de l'inverser, si vous n'y arrivez pas, utilisez un miroir jusqu'à ce que cet exercice devienne une routine.

Étape 2. Mailles de base

2.1 Les chaînes

maille coulée (mc)

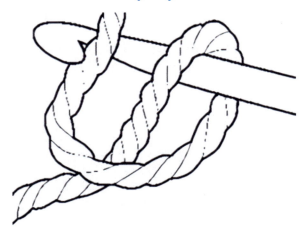

En utilisant votre fil, faites une boucle et insérez le crochet dans la boucle.

Accrochez une autre boucle à travers la première.

Serrez le nœud de glissement et glissez-le jusqu'à votre crochet et vous avez un point de glissement ou **maille coulée-mc**

Demi-bride (demi-b) double bride

Fil sur votre hameçon et dans la troisième chaîne du crochet.

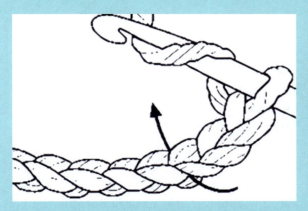

Fil plus et dans la troisième chaîne et vous aurez trois boucles.

Fil au-dessus et dans les trois boucles ; qui est une couture double demi-crochet, appelé **demi bride-demi-b**

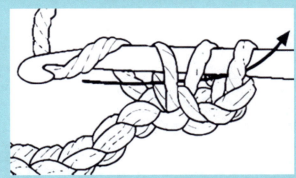

Insérez votre hameçon dans la corde suivante et répétez à partir de l'étape 2.

Double bride (dbr)

Enfiler deux fois et insérer l'hameçon dans la cinquième maille.

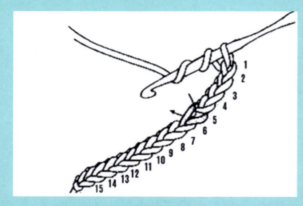

Fil plus et le dessiner dans le point de la chaîne et vous aurez quatre boucles.

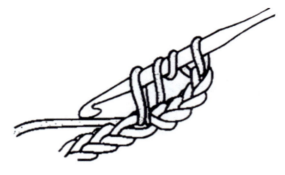

Fil sur, tirer à travers les deux premières boucles et vous aurez trois boucles.

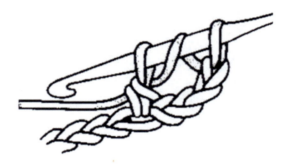

Enfilez et dans les deux premières boucles de votre hameçon et vous aurez maintenant deux boucles.

Enfilez les deux boucles restantes et vous obtenez un **double-bride-dbr**.

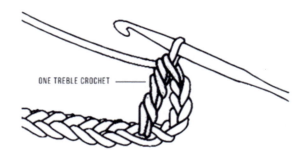

ONE TREBLE CROCHET

Maille serrée (ms)

Maille serrée est le plus court et le plus basique de toutes les mailles.

Rang 1

Créez la chaîne 6 et faites une maille coulée.

Sautez la première chaîne hors de la boucle de crochet, introduisez la boucle dans la deuxième chaîne par le milieu du V et, sous la barre arrière de la chaîne, amenez le fil de l'arrière vers l'avant à travers le hameçon (figure).

Tirez le fil par la chaîne jusqu'à l'endroit où se trouve le crochet, vous avez alors deux boucles de crochet.

Ramenez à nouveau le fil sur le crochet, de l'arrière vers l'avant, et tirez-le à travers les deux boucles du crochet.

Une boucle est restée sur le crochet ; vous avez réalisé une maille serrée.

Placez le crochet comme précédemment dans le fil suivant, bouclez le fil de l'arrière vers l'avant et tirez-le à travers la maille du fil, repassez le fil et ouvrez les deux boucles.

Il est important de comprendre que les mots "crocheter le fil" et "repasser le fil" ont la même signification.

Dans les deux cas, vous faites passer le fil de l'arrière vers l'avant sur le crochet, pour chaque chaîne résiduelle, répétez l'étape 3, en prenant soin de passer par-dessus la dernière chaîne, mais pas dans le nœud coulissant.

Veillez à ne pas plier la chaîne lorsque vous travaillez ; gardez tous les fils le long de la chaîne, vous avez réalisé un fil de maille serrée et vous avez maintenant cinq mailles dans le fil.

Rang 2

Pour réaliser la deuxième rangée de maille serrée, vous devez retourner le travail dans le sens anti-horaire, comme le montre l'illustration ci-dessous, ce qui vous permet de retravailler la première rangée.

Ne détachez pas l'aiguille à crochet de la boucle, comme le montre la figure ci-dessous. Maintenant, pour exécuter la première maille, vous devez tenir le fil à la hauteur appropriée, ainsi, la chaînette 1 (considérée comme une chaînette tournante) soulève le fil.

Ce rang, ainsi que tous les rangs de crochet simple précédents, seront incorporés dans un premier rang de crochet simple, et non dans la chaîne de départ comme vous l'avez fait précédemment.

Gardez à l'esprit que vous avez enfilé le crochet au milieu du V et sous la barre pendant que vous travailliez sur le rang initial, ce qui n'est possible que lorsque vous travaillez sur une séquence de départ.

La toute première maille serrée de la rangée est utilisée sur la dernière maille de la rangée précédente (voir figure ci-dessous), et non pas dans la chaînette de départ

Insérez le crochet sous les deux boucles supérieures de la dernière maille du rang précédent, faites passer le fil sur le crochet de l'arrière vers l'avant et tirez le fil à travers la maille jusqu'à la zone de crochet.

Vous avez déjà deux boucles de crochet, tirez ensuite le fil de l'arrière vers l'avant par-dessus le crochet et tirez-le sur le crochet autour des deux boucles.

Faites une maille serrée pour chaque maille jusqu'à la fin, en essayant de travailler dans la maille, en particulier la dernière maille, qui peut être facilement oubliée (voir l'illustration ci-dessous).

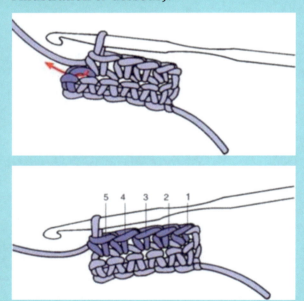

Arrêtons-nous maintenant et comptons les points ; il y a déjà cinq hameçons simples sur le fil.

Variations de maille serrée-ms
Maille en l'air (ML)

Vous pouvez changer l'apparence d'un motif en apportant des variations simples à la maille serrée. Voici quelques idées.

Insérez votre crochet dans la boucle avant seulement (BAS) de la maille sur le côté supérieur droit. Cela donne un style ouvert de cette maille.

Insérez votre crochet dans la boucle arrière seulement (bas) de la maille sur le côté inférieur gauche. Cela donne une apparence côtelée extensible qui est une variation plutôt populaire.

Insérez votre crochet dans des boucles alternées (BAS, bas, BAS, bas) à partir du côté inférieur droit. Vous pourrez créer une apparence très texturée en utilisant cette variation.

Vous pouvez insérer votre crochet à différents endroits, mais votre technique reste la même pour créer des variations simples de la maille serrée.

En utilisant ces variations, vous pourrez créer de beaux tissus denses pour réaliser des écharpes et des couvertures si vous le souhaitez, ce sont des objets de valeur et peuvent être réalisés en utilisant une maille serrée.

Maille en l'air (ML)

Après la maille coulée, c'est généralement la première maille que vous créerez en tant que partie d'une longue chaîne.

Les mailles en l'air constituent une base essentielle à partir de laquelle de belles créations peuvent être réalisées, les modèles de crochet incluent souvent des mailles en l'air parmi les autres mailles pour la conception, en pratiquant votre maille en l'air, concentrez-vous sur le maintien de votre tension aussi constante que possible et sur la tenue correcte de votre crochet.

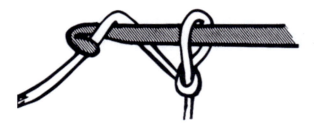

Prenez votre crochet avec votre main droite et tenez-le de la même manière que vous le feriez avec un crayon ou un couteau, tant que vous vous sentez confiant, au début, le crochet doit être orienté vers le haut, et à mesure que vous crochetez chaque maille en l'air, vous devrez faire pivoter légèrement votre crochet dans le sens antihoraire.

Crocheter la première maille en l'air : À ce stade, vous placez le crochet à l'intérieur du nœud coulant que vous venez de faire, vous devez boucler le fil régulièrement sur votre crochet, cela doit être fait de l'arrière vers l'avant, pour rendre cela un peu plus accessible, vous pouvez essayer de tenir votre nœud coulant en utilisant l'extrémité de votre index.

Comme le crochet reste dans le nœud coulant, tout ce que vous avez à faire est de passer une boucle sur le fil de l'arrière vers l'avant, il peut être utile de tenir le nœud coulant sur le crochet avec votre index.

Tournez le crochet pendant que vous passez la boucle sur le fil vers le crochet.

Formation de la première maille en l'air : Passez-la dans le nœud coulant une fois que le fil est accroché. Une fois que vous avez retiré votre fil, vous pouvez terminer la maille en tournant le crochet dans sa position d'origine pour continuer avec la suivante.

Passons à la maille en l'air suivante : Vous avez fait une maille en l'air, et vous pouvez répéter cela en accrochant votre fil et en le tirant à nouveau. Répétez cette étape encore et encore jusqu'à ce que votre chaîne soit complète.

Votre index et votre pouce peuvent tenir vos mailles en l'air pendant que vous allongez la chaîne.

Avec le temps, vous pourrez travailler de manière rythmique en faisant pivoter le crochet pour accrocher le fil et le tirer à nouveau.

Conseils utiles pour faire une chaîne de base :

1. Compter les mailles : Lorsque vous comptez votre chaîne, excluez le nœud coulant et commencez à la première maille en l'air.
2. Faites ce qui fonctionne pour vous : Il y a de nombreuses positions dans lesquelles vous pouvez tenir votre crochet et votre fil pendant que vous travaillez. Essayez-les en suivant les instructions, et n'hésitez pas à changer légèrement de position si cela rend les choses plus accessibles.
3. Une tension uniforme : Continuez à pratiquer jusqu'à ce que

Fixation

Couper le fil après la dernière maille, en laissant une marge de 6 pouces. Comme lorsque vous arrêtez votre crochet, tirez le crochet droit devant vous, mais tirez cette fois-ci complètement sur le fil coupé via la maille. Tirez fermement pour fermer le bord de 6 pouces.

Point V

Le point V est un point très polyvalent utilisé dans de nombreux projets. Pour crocheter un point V, travaillez une maille double dans la maille suivante, faites une chaînette, puis travaillez une autre maille double dans la même maille. Sautez la maille suivante et répétez.

Point picot

Certains modèles utilisent "p" pour symboliser un point picot. Les picots sont utilisés pour ajouter de la décoration à un modèle et parfois comme remplissage.

Sur la zone où vous prévoyez d'ajouter un point picot, faites trois mailles en l'air. Insérez votre crochet dans la troisième maille à partir de votre boucle.

Fermez la maille par une maille

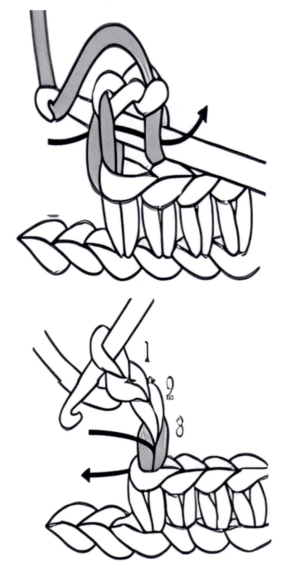

Ajoutez les picots aux endroits où vous devez les placer.

Bride simple-bs (Double Crochet US ; Treble Crochet UK)

Le bride simple-bs est une autre maille de base cruciale et fait partie des mailles fondamentales, bien qu'il puisse facilement être exclu de nombreux modèles simples.

Vous pouvez utiliser cette maille seule en travaillant des rangs ou des tours, et elle est populaire dans de nombreux motifs de mailles courants, tels que le granny square, qui est un classique, et la maille en V.

Ces instructions vous permettent de vous entraîner seul jusqu'à ce que vous soyez confiant dans l'utilisation de cette maille, il faut commencer par une maille sur le crochet, puis envelopper le fil sur le crochet de l'aiguille, insérez alors votre crochet dans la maille.

Commencez par une chaînette de base et insérez votre crochet dans votre quatrième maille.

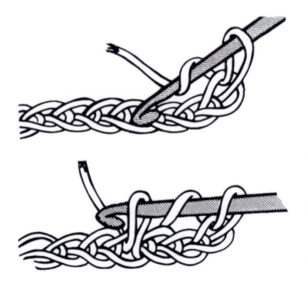

Ensuite, enroulez le fil sur le crochet à nouveau pour que votre crochet passe à travers le fil.

Vous devez enrouler votre fil de la même manière que vous l'avez fait lorsque vous avez inséré votre crochet la première fois.

Cependant, maintenant vous aurez plus de fil sur le crochet de crochet, et cela peut sembler légèrement plus compliqué qu'auparavant, cela prend du temps pour le faire correctement. Il devrait rester trois boucles.

Répétez l'enroulement du fil sur le crochet et tirez-le à travers. Enroulez de nouveau le fil sur le crochet, puis passez-le à travers les deux boucles les plus proches de l'extrémité du crochet.

Maintenant, il y a environ deux boucles sur le crochet.

Refaites l'enroulement du fil sur le crochet et tirez-le à travers les boucles restantes sur votre crochet.

Maintenant qu'il ne reste plus qu'une seule boucle, votre maille **bride simple-bs** est terminée.

Vous pouvez développer un rythme en pratiquant cette maille afin de pouvoir enrouler le fil sur le crochet et le passer à travers les boucles ; cela semblera être une seule étape.

Astuce pour le double crochet :

La manière la plus simple de pratiquer cette maille est de la travailler en rangée droite. Vous pouvez insérer le crochet dans le bas de ces deux boucles sous votre maille.

Pour les modèles qui comprennent des espaces, comme le granny square, vous pouvez faire ce qui suit : insérez votre crochet dans l'espace sous la maille sur laquelle vous travaillez plutôt que dans les boucles.

Il est préférable de pratiquer en utilisant des rangs réguliers, puis d'apprendre à travailler un double crochet dans les espaces, vous devrez peut-être travailler votre double crochet dans une maille différente. Il existe plusieurs variations de la maille **bride simple**, cependant, les bases pour travailler des mailles **bs** en rangées vous permettront d'utiliser n'importe quel motif.

Commencez par votre chaîne de base

Vous avez besoin de quelque chose à incorporer avec vos mailles de double crochet (sauf si vous choisissez une base de chaîne double crochet sans chaînette), donc, vous devez commencer par crocheter une chaîne de fondations.

Commencez par un nœud coulant, ensuite, crochetez simplement la chaîne, lorsque vous travaillez avec un modèle de crochet, le modèle vous donnera les informations concernant la longueur de votre chaîne de base.

Si vous n'avez pas de modèle avec lequel travailler, vous crochetez une chaîne de la longueur que vous souhaitez pour votre projet, en ajoutant éventuellement deux mailles supplémentaires, supposons simplement que vous souhaitez crocheter une écharpe fine, par exemple, qui mesure 10 mailles de bride simple en largeur.

La raison possible pour laquelle vous ajoutez des chaînettes supplémentaires est qu'elles compteront comme le tout premier double crochet que vous verrez bientôt.

Faire un jeté et insérer le crochet dans la chaîne

Faites un jeté sur le crochet, puis introduisez le crochet dans la chaîne, sur cette première maille, vous allez introduire le crochet dans la troisième maille à partir de votre crochet. Les chaînettes que vous allez sauter sont ce que vous utilisez pour votre première rangée de double crochet, bien que vous ne puissiez certainement pas les voir à nouveau jusqu'à ce que vous ayez terminé la maille suivante.

C'est pourquoi vous ajoutez ces chaînettes supplémentaires à la chaîne de base comme expliqué ci-dessus, car elles aident à former les chaînettes qui deviendront le premier double crochet, en attendant, cependant, vous pouvez simplement croire que c'est ainsi que vous le faites, alors faites un jeté et poussez la boucle du crochet dans la troisième chaînette.

Faire un jeté à nouveau et tirer

Faites un jeté à nouveau, puis retirez le fil de ceux sur le crochet où vous avez introduit votre crochet dans la troisième chaîne. Vous devriez voir trois boucles sur votre crochet après avoir accompli cette étape.

Faire un jeté et tirer à travers 2 boucles sur le crochet

Faites un jeté à nouveau. Passez votre fil à travers les deux premières des trois boucles sur votre crochet. À la fin de cette étape, il ne restera que deux boucles sur le crochet.

Faire un jeté et terminer la maille

Faites un dernier jeté, passez le fil à travers les deux boucles qui sont sur le crochet. Vous avez terminé une maille de double crochet. Lorsque vous avez accompli le premier double crochet, vous pouvez voir qu'il se trouve à droite d'une autre maille de double crochet ; c'est la maille qui a été réalisée lorsque vous avez omis les trois premières chaînettes, car elles agissent comme la première maille de double crochet lors de la première rangée.

Compléter la rangée de mailles serrées

Au tout début de la chaînette de base, il suffit de sauter les trois premières mailles. Ensuite, il n'est plus nécessaire de sauter des mailles. Donc, avec votre prochaine maille serrée, vous allez suivre les mêmes étapes décrites ci-dessus, sauf que vous allez insérer le crochet dans la maille suivante qui se trouve immédiatement à gauche de la maille serrée d'origine. Vous continuerez ainsi en insérant une maille serrée dans chaque maille avant la fin de la chaîne.

Chaînette de tour de 3

Comme décrit à l'étape numéro six, sauf au tout début de la chaîne de base, vous n'avez pas à sauter de mailles pour créer la première maille serrée du projet, en effet, vous devrez créer une chaînette de tour chaque fois que vous tournez le travail et commencez un nouveau rang.

Cela ressemble à la création de la première maille serrée de chaque rang, sans les étapes d'une maille serrée proprement dite, vous allez littéralement faire une chaînette de trois pour cela.

Cela comptera comme votre première maille serrée dans cette séquence, ensuite, vous allez créer la maille serrée suivante en tournant le fil et en l'insérant dans la maille suivante.

Travailler seulement dans les boucles avant et arrière (Optionnel)

Les mesures ci-dessus expliquent comment crocheter des rangs de mailles serrées. Il existe cependant plusieurs éléments qui peuvent être modifiés pour créer des motifs différents en utilisant la maille serrée.

Le plus courant d'entre eux est de crocheter la maille soit dans les boucles avant, soit dans les boucles arrière de chaque rang en utilisant toujours la maille serrée de base, cela produira des textures, des tensions et des choix de côtes différents.

2.2 Bordures et points spéciaux

Qu'est-ce qu'un point de chaînette ?

Les chaînettes sont une partie intégrante du crochet, mis à part un nœud coulant, la première étape dans un projet consiste à faire une série de mailles en chaînette, ce sont l'une des quelques jonctions de base que tout débutant devrait connaître.

La plupart des projets de crochet commencent par des mailles en chaînette formant l'établissement sur lequel vous construisez le reste du projet, passé la chaîne de fondation, les projets de crochet contiennent régulièrement des mailles en chaînette disséminées tout au long du reste du motif également.

Les mailles en chaînette se combinent avec d'autres mailles pour créer le motif et la construction. Maintenir la bonne tension pour les mailles en chaînette peut nécessiter un peu d'entraînement, mais c'est un point facile à apprendre et à commencer votre crochet.

Note : Ces instructions sont destinées aux crocheteurs droitiers, mais vous pouvez inverser la procédure si vous êtes gaucher.

La façon de tenir le fil et l'hameçon

Tout d'abord, former un nœud coulant.

Avec le nœud coulant sur le crochet de crochet, saisissez le fil avec votre main gauche. Le nœud coulant doit être en face de vous.

Le fil provenant de la balle doit passer sur votre doigt index. Utilisez vos autres doigts et votre pouce pour tenir la chaîne de travail et maintenir la tension précise sur le fil pendant que vous crochetez.

Comment tenir l'hameçon

Tenez votre crochet de crochet dans votre main droite en utilisant une prise de crayon, une prise de couteau ou ce qui vous semble le plus confortable. Pour commencer, tenez le crochet de crochet vers le haut. Il est acceptable de le tourner davantage si nécessaire, mais l'objectif est de rendre chaque mouvement aussi précis et fluide que possible.

Faire un jeté sur la première maille en chaînette

Tandis que votre crochet de crochet est encore à l'intérieur du nœud coulant, enroulez le fil de travail autour du crochet de l'arrière vers l'avant. Parfois, il est utile de maintenir le nœud coulant en place sur le crochet avec votre doigt index droit.

Pivotez votre crochet d'environ un quart de tour dans le sens anti horaire d'une montre pendant que vous bouclez le fil pour le crocheter.

Façonnage de la première maille en chaînette

Après avoir crocheter le fil, tirez-le à travers la maille coulée.

En tournant le fil, vous penserez probablement qu'il est plus simple de terminer la ligne si vous ramenez le crochet à sa position d'origine, face vers le haut.

Crochetage + mailles en chaînette

Ceci est la maille en chaînette principale.

Pour faire une autre chaînette, accrochez une autre boucle et tirez-la à travers. Répétez cela autant de fois que nécessaire, en crochetant, utilisez votre pouce et votre index pour guider votre maille nouvellement formée vers le bas.

En travaillant, vous trouverez un rythme en tournant le crochet de la maille pendant que vous crochetez le fil, puis en le faisant tourner en arrière lorsque vous le tirez à travers. Ce rythme rend le processus plus facile et plus rapide.

Conseils pour la maille de base

Comptez avec précision : en général, la maille coulée ne comprend pas le nombre de mailles en chaînette nécessaires pour une chaînette de base. Commencez votre compte à partir de la première maille en chaînette que vous faites.

Modifiez les variations : chacun crochète un peu différemment et il y a de nombreuses façons possibles de tenir le fil et de positionner le crochet lors du travail d'une maille en chaînette. Ces instructions montrent une méthode de réalisation. Si vous ne vous sentez pas à l'aise avec cette méthode, n'hésitez pas à ajuster votre méthode de travail selon vos préférences.

Maintenez une tension uniforme : pratiquez jusqu'à ce que vos mailles en chaînette soient lisses, uniformes et sans irrégularités.

N'hésitez pas à changer de crochet : si vous travaillez avec du coton ou d'autres fils non extensibles, il peut être nécessaire de faire votre chaînette de base en utilisant un crochet d'une taille supérieure à celui que vous prévoyez d'utiliser pour le reste de votre projet. Si vous constatez que votre chaînette de base est trop serrée par rapport aux premières lignes qui la suivent, envisagez de recommencer en utilisant un crochet plus grand pour la chaînette. Ce n'est pas toujours nécessaire avec les fibres résilientes comme la laine, par exemple, mais cela peut être utile selon le modèle que vous utilisez.

Options de travail en chaînette

Le travail en chaînette est une technique magnifique qui convient parfaitement aux débutants. En raison de la façon dont la maille en chaînette est travaillée, elle est parfaite pour les débutants au crochet.

Il est facile et amusant de travailler avec des chaînes, et vous pouvez créer des designs intéressants car les chaînes se doublent et forment une grille lorsqu'elles sont jointes ensemble.

Le travail en chaîne peut être utilisé pour créer une grande variété d'articles, notamment des bordures, des pièces centrales, des blocs, des couvertures, des écharpes, des Afghans et des chapeaux.

Vous pouvez même faire une écharpe en utilisant les techniques trouvées dans ce livre. Les projets de travail en chaîne sont idéaux pour les débutants car c'est assez facile à apprendre.

Le travail en chaîne n'est pas seulement pour les débutants, vous pouvez l'utiliser lorsque vous voulez concevoir un vêtement ou un accessoire avec des points complexes dans le motif de crochet. Le travail en chaîne peut ajouter de l'intérêt à votre projet de crochet en formant un motif en mailles, ce qui donne au produit fini un aspect unique.

Le travail en chaîne est un passe-temps extrêmement populaire pour de nombreuses personnes. Il vous permet de travailler sur vos compétences de manière stimulante tout en prenant votre temps. Que vous soyez débutant ou expert, il est important de prendre les précautions nécessaires pour obtenir les meilleurs résultats lors du travail sur des câbles.

Lorsque vous travaillez avec plusieurs chaînes, assurez-vous de disposer d'un bon endroit pour les ranger, s'ils sont lâches, ils peuvent facilement s'emmêler et former des nœuds difficiles à défaire. Vous pouvez stocker ces chaînes en utilisant des bacs en plastique.

Le fil d'aluminium est utilisé pour le travail en chaîne simple. Il n'est pas aussi solide qu'une chaîne en acier, mais il vous permet de travailler plus rapidement tout en maintenant une tension régulière tout au long du projet.

Ce type de chaîne convient bien pour faire des bracelets car il vous permet de déplacer la chaîne en tenant une extrémité et en la laissant pendre sur votre doigt afin que vous puissiez manipuler l'autre extrémité.

La merveilleuse chose à propos d'une chaîne en acier est qu'elle vous permet de ramasser du fil ou des perles sans perturber votre projet. Lorsque vous travaillez avec une chaîne en acier, utilisez soit du fil, soit une autre forme de fixation pour les perles afin qu'elles ne glissent pas pendant le processus.

Lorsque vous travaillez avec un fil, utilisez 3 brins de corde de nylon à 6 brins ou 4 brins de corde de nylon à 5 brins, une corde double brin ne donnera pas une prise aussi solide car elle a moins de brins par pouce qu'une corde à 6 brins et ne tiendra donc pas aussi bien pendant l'utilisation. Cependant, elle est moins chère qu'une corde à 6 brins, donc il vaut la peine d'en avoir à portée de main au cas où vous auriez besoin de terminer quelque chose rapidement.

Le désavantage d'une corde est que lorsque vous réalisez quelque chose de plus complexe que de simples noeuds, vos doigts se fatigueront beaucoup plus vite que s'ils utilisaient une chaîne en acier car la corde n'offre pas tout à fait autant de soutien pour vos mains.

Le travail avec 2 fils est également une technique assez facile.

Il suffit de tenir votre crochet dans une main et le fil dans l'autre, passez le fil dans vos doigts en tournant dans le sens des aiguilles d'une montre, du premier doigt vers le haut autour du deuxième doigt, en passant par le pouce, à travers le majeur, puis revenez en arrière vers le premier doigt.

Répétez avec tous les doigts en alternant jusqu'à ce que vous ayez un cercle complet de travail au crochet, cela crée une écharpe colorée ou un bouton fantaisie sur une chemise.

Finitions, bords et points spéciaux

Vous avez utilisé tous les points de ce guide pour créer un beau tissu et vous vous demandez comment finir les bords ? Nous allons passer en revue certaines de vos options et différents types de bordures que vous pouvez utiliser pour finir votre travail.

Bordure en picot

La bordure en picot a un aspect très délicat mais donne une touche ludique à n'importe quel ouvrage. Un picot est une petite boule très petite réalisée en revenant sur le travail que vous avez réalisé ; cela crée de petites boules mignonnes sans avoir à réaliser de point bouffant.

1. Commencez par l'endroit où vous souhaitez que votre bordure commence. Faites une chaînette de 3 mailles à partir de cet endroit, puis passez votre crochet dans la 3ème maille à partir du crochet, de là, faites un jeté et tirez le fil à travers le crochet. Cela tire la chaînette vers le bas en formant une petite boule.

2. À partir de ce point, vous pouvez soit décider de faire un petit picot dans chaque maille, soit les espacer un peu en faisant 1 ou 2 mailles serrées entre chaque picot, ce qui crée un design attractif dans l'ensemble.

Vous pouvez travailler cette bordure tout autour du bord de vos projets, cela ajoutera cette petite touche de détail. Si vous décidez de mettre des espaces entre chaque point de picot, assurez-vous que cela est régulier pour éviter d'avoir des écarts de taille incorrects.

Bordure en bride simple inversé

La bordure en bride simple inversé est une autre méthode simple de finition, cette technique est simple mais ajoute une bordure nette pour ranger les points maladroits ou les fils effilochés.

Ce point particulier ne nécessite qu'un point de base, le bride simple.

Le truc qui rend cette technique spéciale est la façon dont vous l'utilisez ; cette méthode peut être utilisée comme bordure sur presque tout, des couvertures aux chaussons.

1. Pour commencer, faites une rangée de double crochet autour de tout ce que vous voulez border. Assurez-vous que, si vous travaillez avec des couvertures ou des objets avec des coins, vous ajoutez 3 doubles crochets supplémentaires dans les coins, pour vous assurer que votre objet garde sa forme.
2. Ensuite, faites un double crochet en arrière sur ce que vous avez déjà fait, mais ne tournez pas votre travail ! Cela peut être un peu difficile à comprendre, mais l'effet qu'il donne en vaut la peine.

Bordure coquille

Notez que vous devez vous assurer que lorsque vous utilisez cette maille de finition, vous avez suffisamment de longueur sur votre projet pour le nombre de coquilles que vous souhaitez. S'il n'y a pas suffisamment de longueur, vous pouvez vous retrouver avec des espaces dans votre travail de bordure. Cette bordure fonctionne mieux avec des projets carrés ou rectangulaires.

1. Commencez par faire une rangée de mailles serrées tout autour du projet ; cela formera la base des coquilles.

2. Tournez votre travail et faites une maille coulée dans la première maille, * sautez 2 mailles puis mettez 5 brides dans la maille suivante, sautez 2 autres mailles et faites une maille coulée dans la maille suivante. *
3. Répétez ce motif encore et encore jusqu'à ce que vous ayez fait tout le tour ; lorsque vous arrivez aux coins, tournez les coins en faisant une maille coulée tout autour d'eux, puis continuez avec les étapes fournies.

Points spéciaux

Cela se concentrera sur certains des points de crochet les plus bizarres, moins connus et plus difficiles. Notez que certains de ces points (en particulier la dentelle de balai) nécessitent des éléments supplémentaires pour les créer, alors assurez-vous de vérifier si le point que vous voulez travailler nécessite quelque chose en plus.

Maille boucle

La maille boucle est un type de point funky qui ajoute une grande quantité de caractère à tout projet avec lequel vous l'utilisez. Le point lui-même n'est rien de plus qu'une maille serrée avec une étape supplémentaire ajoutée pour rendre le point possible.

Les utilisations principales de ce point sont de créer des chapeaux qui ressemblent à des cheveux. C'est une méthode pour créer le populaire chapeau de chou de poupée qui a récemment gagné en popularité. C'est également un point préféré pour les bottes et les chaussures pour bébé.

1. Commencez par une rangée de points de votre choix ; la quantité n'a pas d'importance car ce point n'utilise pas de séries de points. Commencez par insérer votre crochet à travers la maille, au lieu de le faire passer par-dessus, crochetez autour des deux côtés du fil que vous tenez.
2. Ensuite, faites passer les deux morceaux à travers la maille, mais pas tout à fait, cela devrait laisser une petite boucle de l'autre côté de votre travail. À partir de là, vous pouvez tirer sur le fil que vous avez tiré pour ajuster la taille de la boucle, passez le fil par-dessus, et tirez à travers toutes les mailles sur votre crochet.
3. Répétez ces étapes dans chaque maille de votre travail pour un excellent effet !

Maille chevron

Le point de chevron, comme quelques autres points dans ce guide, utilise des points de base pour créer un bel effet dans votre travail.

Le point de chevron utilise des augmentations et des diminutions à intervalles réguliers pour faire plier votre travail en un motif en forme de chevron après une seule rangée.

Un effet populaire avec ce point est de faire chaque rangée dans une couleur distincte pour accentuer le motif en chevron, ce point est utilisé seul pour un projet entier ou comme bordure pour des projets terminés s'il est travaillé correctement.

Un chevron de taille normale est travaillé en multiples de 14 plus un supplément de 2 pour tourner.

1. Commencez avec votre chaîne de départ, sautez les 2 premières mailles et faites un double crochet dans la maille suivante, 1 double crochet dans les 3 mailles suivantes, 2 fois le double crochet 3 ensemble, 1 double crochet dans les 3 mailles suivantes, 3 doubles crochets dans la maille suivante 2 fois répétez ce motif jusqu'à la fin de la rangée en terminant avec 3 doubles crochets réguliers.
2. Faites une chaîne de 3 mailles et tournez votre travail, faites 2 doubles crochets dans la première maille, 1 double crochet dans les 3 mailles suivantes, 2 fois le double crochet 3 ensemble, 1 double crochet dans les 3 mailles suivantes, 3 doubles crochets dans la maille suivante 2 fois répétez ce motif jusqu'à la fin de la rangée en terminant avec 3 doubles crochets réguliers.
3. Répétez ce motif pour créer vos chevrons.

Point de dentelle

Le point a dentelle à balai est un type de point qui est l'un des plus intéressants disponibles pour vous. Le point lui-même est remarquablement facile compte tenu de sa difficulté apparente.

Pour ce point, vous aurez besoin d'un crochet régulier, de la laine ordinaire et surtout d'un manche à balai (comme son nom l'indique), d'une grande aiguille à tricoter ou de tout autre objet rond. Vous pouvez également utiliser du carton si vous n'avez aucun des éléments suggérés.

1. Pour commencer, faites une chaîne de 21 mailles (ce qui vous donnera un ensemble de 4 points de dentelle à balai), faites un seul crochet dans

la 2ème maille à partir du crochet et dans chaque maille de votre base, une fois que vous atteignez la fin, ne tournez pas votre travail !
2. Maintenant, prenez votre manche à balai ou tout autre objet que vous utilisez, pour ce tutoriel nous utilisons un grand crochet.
3. Tirez une boucle et mettez cette boucle sur le deuxième crochet, prenez votre crochet et insérez-le dans la maille suivante, tirez une autre boucle et mettez-la sur le crochet, continuez de cette manière jusqu'à la fin de la rangée, vous devriez avoir 20 boucles sur le crochet.
4. Une fois que la boucle finale est sur le crochet, faites glisser soigneusement les boucles hors du crochet ; assurez-vous de ne pas tirer trop sur le fil ! Maintenant, prenez votre crochet et insérez-le à travers 5 boucles.
5. Faites un jeté et tirez à travers ces 5 boucles et faites une chaînette de 1 pour la sécuriser, vous voulez maintenant travailler 5 mailles serrées à travers le centre de ces 5 boucles.
6. Une fois terminé, passez à un autre ensemble de 5 boucles et répétez le processus ci-dessus jusqu'à la fin de la rangée, vous devriez avoir 4 ensembles de points de dentelle à balai à ce stade, au lieu de tourner votre travail, commencez à tirer des boucles à partir des mailles serrées que vous avez créées dans chaque ensemble de 5 boucles pour commencer la rangée suivante.

Et vous avez terminé ! Oui, cela peut sembler compliqué et cela peut devenir un peu compliqué, mais le résultat qu'il donne est une addition puissante à votre connaissance du point.

2.3 Que ça me fait du bien.

Motif Moule

Pour ce motif, trois ou plusieurs mailles sont crochetées dans le même trou, formant un triangle qui ressemble à une petite coquille, a gauche et à droite de la coquille, on passe habituellement sur quelques mailles pour compenser l'augmentation des mailles par les coquilles, qui transforment une maille en au moins trois.

Les coquilles ont l'air meilleures si vous les crochetez avec des bâtons ou des doubles bâtons.

Pour crocheter une coquille de trois bâtons, on travaille d'abord, là où la maille doit être placée, un bâton, pour travailler, ensuite, dans le même trou, placez deux autres bâtons.

Pour compléter le motif et le nombre de mailles dans la rangée, il peut parfois être nécessaire de crocheter des demi-coquilles au début et à la fin de la rangée, pour ce faire, au début de chaque tour, travaillez deux bâtons dans le trou correspondant, placez deux bâtons dans la dernière maille à la fin de la rangée.

Mailles Touffe

Les touffes ne sont rien d'autre que des coquilles inversées, elles sont composées de plusieurs mailles cousues ensemble ; celles-ci peuvent être des mailles serrées et des bâtons doubles ou multiples.

Elles offrent un motif décoratif, mais sont également souvent utilisées pour supprimer une ou plusieurs mailles dans une rangée.

La base de cette touffe est étalée sur plusieurs mailles tandis que leurs têtes sont rassemblées dans une maille, ne crochetez pas les mailles que vous voulez rassembler en premier pour tirer le fil en une seule fois à travers toutes les boucles sur l'aiguille dans la dernière étape.

Voici exactement les instructions suivantes pour une touffe de trois bâtons.

Travaillez le premier bâton comme d'habitude jusqu'à ce qu'il ne reste que deux boucles sur l'aiguille, faites de même avec le deuxième bâton pour avoir trois boucles sur l'aiguille.

Le troisième bâton est également crocheté jusqu'à l'avant-dernière étape, il y a quatre boucles sur l'aiguille. Maintenant, prenez le fil.

Tirez le fil à travers les quatre boucles sur l'aiguille pour terminer la touffe.

Bouton

Les mailles boutons sont très distinctives et donnent au crochet une belle structure plastique, c'est un groupe de plusieurs bâtons ou de bâtons multiples, qui sont travaillés dans le même trou, puis mélangés, ce qui en fait une combinaison de coquille et de touffes.

Les boutons sont réalisés dans la rangée arrière, voici comment crocheter une maille bouton de cinq bâtons.

Crochetez le premier bâton à l'endroit où vous voulez créer la maille bouton jusqu'à ce qu'il ne reste que deux boucles sur l'aiguille.

Suivez la même procédure pour les quatre bâtons suivants en travaillant dans le même trou.

Maintenant, il devrait y avoir six boucles sur le crochet.

Dans la dernière étape, prenez le fil et tirez-le en un à travers toutes les boucles de l'aiguille.

Il est conseillé de fixer le point de tricot par un point de chaîne (prendre le fil et le tirer à nouveau à travers le point de l'aiguille) de sorte que les points restent fermement assemblés au sommet et l'effet noueux conserve la plasticité souhaitée.

Pimples colorées

Il est plaisant de travailler les pimples dans différentes couleurs. De plus, vous pouvez utiliser de manière significative les petits restes de fil.

Pour crocheter un nub coloré, travaillez la dernière maille solide devant le nub dans la couleur de base jusqu'à ce qu'il reste encore deux boucles sur l'aiguille pour finir la maille avec le fil du nub. Ensuite, crochetez le nub comme décrit dans la nouvelle couleur. Utilisez la maille en chaînette pour fixer le nœud ; travaillez à nouveau dans la couleur primaire, avec laquelle vous continuez à crocheter jusqu'au prochain nœud.

Nubs plats

Les nubs plats sont faits de demi-bâtons et sont légèrement moins plastiques que les nubs ou les points pop-corn décrits ci-dessous. Ils sont souvent utilisés pour crocheter des vêtements de bébé et des couvertures douillettes. Ils sont crochets selon le même principe que les pimples. Vous ne devez pas travailler trop fort. L'exemple suivant illustre comment crocheter un nœud plat de trois demi-tiges en une fois à travers toutes les boucles de l'aiguille. Il est conseillé de fixer la maille avec une maille en chaînette (prenez le fil et tirez-le une fois de plus à travers la maille sur l'aiguille) pour rester fermement ensemble en haut, et l'effet bosselé maintient la plasticité souhaitée.

Tout d'abord, passez le fil autour de l'aiguille, puis insérez-le dans la boucle dans laquelle le nœud plat doit être placé. Prenez le fil.

Répétez cette étape deux fois pour qu'il y ait finalement sept boucles sur le crochet. Ensuite, vous prenez le fil et le tirez en une fois à travers toutes les boucles.

Enfin, fixez le nœud plat avec une maille de chaînette en récupérant le fil et en le tirant à travers la boucle sur le crochet.

Points pop-corn

Pour un maillage de popcorn, on travaille - tout comme pour les nœuds ou les nœuds plats - un groupe entier de mailles dans un site de perforation. Les mailles ne sont pas enlevées ensemble, mais terminées individuellement et regroupées dans une étape supplémentaire. Ils créent des accents plastiques dans des motifs incohérents et peuvent être crochetés à partir de fils fins et de qualités de laine plus épais.

Crochetez un groupe de cinq tiges dans un seul site d'injection lorsque vous crochetez une coquille. Ensuite, allongez légèrement la boucle de travail sur l'aiguille en tirant légèrement. Maintenant, sortez l'aiguille de la boucle de travail pour la mettre dans l'élément d'écorçage du premier bâton (c'est-à-dire le V de maille).

Ensuite, ramassez la boucle de travail et tirez-la à travers la deuxième boucle sur l'aiguille (le bâton d'écorçage du premier bâton). Fixez la maille avec une maille en chaînette. Tirez à nouveau le fil à travers la boucle.

Motif en filet ou en filet

Pour ce motif efficace mais en principe assez simple, vous crochetez à partir de barres et de mailles aériennes une grille, vous pouvez combiner des cases remplies et vides pour créer des motifs géométriques ou floraux.

Un motif de filet simple sans "remplissage" peut être crocheté très rapidement, par exemple, il convient aux écharpes légères et aux bandages, et si vous pouvez le manipuler avec un matériau solide, vous aurez crocheté en un rien de temps un filet à provisions.

Si vous travaillez alternativement des cases remplies et vides, vous pouvez passer un cordon à travers les mailles pour fermer un sac.

Crochetez d'abord une chaîne de mailles. Le nombre de mailles pour votre chaîne essentielle doit être divisible par deux, de plus, crochetez six mailles aériennes de plus, maintenant, insérez dans la sixième maille de la chaîne de mailles, vue depuis l'aiguille, et travaillez une maille serrée pour la première case.

Crochetez à nouveau une maille aérienne. Pour les mailles suivantes, passez sur une maille dans la chaîne de boucles, ensuite, crochetez une maille aérienne de plus et la maille suivante dans la deuxième maille de la chaîne de base, ainsi, continuez jusqu'à la fin de la série.

Commencez la rangée suivante avec trois mailles serrées et une maille avec le lien suivant.

Maintenant, travaillez une maille serrée dans le membre raclage du deuxième dernier bâton de la rangée précédente, crochetez une boucle d'air, passez une maille de la rangée précédente et travaillez un autre bâton dans les bâtons correspondants de la rangée précédente. La dernière maille de la rangée se travaille dans le troisième maillon de la chaîne de mailles comptée depuis le bas.

Pour crocheter une case remplie, ne joignez pas les bâtons avec une maille aérienne, mais crochetez entre les autres bâtons de la base autour de la maille aérienne de la rangée précédente. Insérez simplement le bâton dans la case vide pour faire cela.

Si la case de la rangée précédente est également remplie, travaillez le "bâton de remplissage" dans le membre raclage du remplissage de la rangée précédente.

Motif de grille

Le motif de grille est également léger et transparent, crocheté à partir de mailles aériennes et de mailles solides ou de chaînettes. Les esprits expérimentaux varient la longueur des chaînes de mailles aériennes pour travailler une structure de treillis inégale.

En général, les arcs sont un tiers plus longs que la pièce essentielle de la série précédente. Les arcs dans les instructions suivantes font cinq mailles aériennes de long, les trois chaînettes de base.

Travaillez une chaîne d'air, le nombre de mailles doit être divisible par quatre, pour cela, ajoutez deux mailles aériennes.

Ensuite, ancrez le premier nœud en le crochetant dans la sixième maille de la base à l'aide d'un point fendu ou d'un point solide, faites alors cinq boucles d'air au crochet, passez trois mailles dans la boucle de base et ancrez le nœud dans la quatrième boucle de l'air.

Le dernier nœud de la rangée est fixé dans la boucle précédente de la chaîne de base.

Maintenant, crochetez cinq mailles en l'air, puis une maille de crochet simple dans le nœud, puis cinq autres mailles, puis une maille de crochet simple dans le nœud suivant, le dernier nœud est ancré dans la troisième spirale de la première rangée.

Recommencez la série suivante avec cinq points d'air, fixez-les avec un point solide dans la première boucle de la maille d'air et travaillez en suivant le motif de la grille jusqu'à la fin de la rangée.

Le dernier point serré est replacé dans la troisième maille d'air en spirale de la première rangée. Continuez à travailler jusqu'à ce que vous ayez atteint la hauteur souhaitée.

Sujets au crochet autour d'un nœud en Air-Mesh

Par exemple, dans les instructions de crochet pour les fleurs, on lit souvent l'instruction selon laquelle un groupe de points, souvent des baguettes, doit être travaillé pour former un arc en mailles, pour ce faire, on ne pique pas dans les mailles de la chaîne, mais dans le nœud, de sorte que la chaîne de mailles est crochetée.

Étape 3. Jouer le jeu

3.1 Outils de ménage

1. Épurateur de Visage

Matériaux et Fournitures

- ✓ Fil de coton de poids Worsted (environ 8 mètres)
- ✓ Crochet de taille H/8 (5 mm)
- ✓ Aiguille à laine ou à tapisserie (La jauge n'est pas importante pour ce patron).

Instructions

Avec du fil de couleur turquoise, crochetez un cercle avec un crochet violet en faisant 4 mailles en l'air (ML) et en fermant par une maille coulée (MC) pour former un anneau.

Rang 1 : 2 ML et puis 1 ms (maille serrée) dans le centre. [1 ML, 1 ms dans le milieu] Répétez ceci 4 fois. Faites 2 ML et ajoutez une MC dans la première maille. Il y aura 12 mailles autour de l'anneau.

Rang 2 : Environ 2 ML. [2 brides dans l'espace du tour précédent, 1 ML] Répétez 5 fois. Faites 1 bride dans l'espace du tour précédent. Ajoutez 1 ML après la première maille avec une MC. Il y aura 18 mailles autour de l'anneau.

Rang 3 : 2 ML. [2 ms, 1 ML] répétez cela huit fois. 2 ms. 2 ms. Joignez la première maille avec une MC. Le cercle contiendra 27 mailles.

Rang 4 : 1 ML. 1 ML. [3 ML et une MC dans la prochaine ms] Répétez cela douze fois. Faites 3 ML et dans la dernière maille, ajoutez une MC.

Fixez la dernière maille avec une aiguille à laine ou à tapisserie.

Ces petits ronds de travail sont rapides et amusants à réaliser. C'est également un moyen parfait d'utiliser les bouts restants après avoir coupé des chiffons à vaisselle. En en fabriquant plusieurs, vous en aurez toujours à portée de main.

Lorsque vous enlevez votre maquillage, utilisez votre épurateur fini comme des mini-lavettes pour purifier votre visage le matin ou à la place des disques de coton jetables.

Mettez les épurateurs utilisés dans un sac en filet pour les laver.

Ils sont également un cadeau fantastique. Imprimez-les tous dans une seule couleur ou crochetez-les dans un arc-en-ciel.

2. Serviette à main

Matériaux et fournitures

- Cinq écheveaux de fil de couleur, du fil à crocheter, une aiguille et une épingle.
- Deux pelotes de 50 g de fil cotlin dk de Knit Picks, couleur cygne / naturel, une pelote de 50 g de fil cotlin de Knit Picks, couleur marine, une pelote de 50 g de fil cotlin de Knit Picks, couleur sarcelle.
- Une pelote de 50 g de fil cotlin de Knit Picks, couleur rouge rouge marocain / tapisserie rouge, une aiguille d'un pouce avec un gros trou.
- N'importe quel crochet à tapisserie DK, couleur marine.

Comme vous n'avez besoin que d'une petite quantité de la deuxième pelote de fil de couleur naturelle, vous devriez avoir suffisamment pour faire deux serviettes si vous en achetez trois.

Jauge 12 mailles et 14 rangées = 4 cm / 10 cm en suivant le motif de travail (maille serrée et point de pique).

Dimensions finales d'environ 10 1/2 cm sur 18 pouces (26,5 cm sur 46 cm) plus une boucle pour suspendre.

Instructions

Avant de commencer à fabriquer la serviette, vous devez savoir comment faire le point de pique. Ce point peut être appris rapidement et produit une bonne texture.

Faire un jeté et passer le crochet ou la première maille de la rangée dans la 3ème chaînette.

Faire une boucle en tirant un fil de fil de couleur blanc avec le crochet bleu.

Faire un jeté et faire une boucle. Trois boucles seront sur le crochet.

À ce stade, la maille ressemble à une bride, mais l'étape suivante est un peu différente.

Passer le crochet bleu dans deux boucles, en tirant une boucle à travers deux boucles.

Faire un jeté et le passer sur deux chaînettes. Deux boucles seront sur la ligne.

Passer le crochet dans la maille suivante, refaire un jeté et créer une boucle dans le même motif.

Passer le crochet et insérer le crochet dans la chaînette ou la maille, comme vous l'avez fait au début. Tirer une boucle. Vous aurez quatre boucles sur le crochet.

Faire un autre jeté et tirer les quatre boucles. Vous aurez une boucle sur le crochet.

Créer un point de pique avec un crochet bleu à la main pour faire un motif en quatre sur la serviette.

Il est maintenant temps d'utiliser le point de pique pour crocheter une serviette rayée.

3. Lavette

Ce modèle est aussi essentiel que possible et vous pouvez le terminer avec un gant ou une lavette en coton utile. Vous pouvez utiliser n'importe quel fil de poids moyen (la taille est indiquée sur l'étiquette) que vous aimez. J'ai lu que de nombreuses personnes utilisent de l'acrylique pour frotter les plats.

Matériaux et fournitures :

- ✓ N'importe quel fil de poids moyen pour le modèle est équipé de :
- ✓ Coton Lily Sugar N Cream en Batik, Blanc ou Gris (choisissez la couleur que vous voulez).

Instructions :

Patron de ciseaux :

Chaînette de 19 mailles* en maille serrée dans la deuxième maille à partir de l'anneau. Maille serrée dans chaque maille de rang.

Tourner * Répéter la largeur désirée de * à * en bas de la chaîne de rang, couper le fil, nouer et tisser à l'aide de votre aiguille à papier peint. Très rapide ! Et notez bien que si cela ne s'avère pas idéal, vous pouvez quand même l'utiliser.

Patron de lavette en crochet :

Type de fil choisi : poids moyen.

Fil de coton suggéré : Couleurs rose poussiéreux et bleu marine.

Longueur de fil 65 mètres. Outils - Écharpes, aiguille à tapisserie approximative.

Dimension finie : 9,5 "x 9,5" Taille : 2 "= 5,5 mailles serrées.

Détails du patron :

Les couleurs données ont été utilisées dans un échantillon pour produire 2 chocolats Ch 26.

Rang 1 : Ms dans la deuxième maille de la chaînette et dans chaque maille de...

Rang 2 : Ch 1, tourner. Ms dans chaque maille de...

Rang 3 : Ch 1, tourner. Ms sur les 2 premières mailles chacune.

Ms sur la maille suivante, db sur la maille suivante ; répéter à partir de * autour.

Rang 4 : Ch 1, en passant aux 3 dernières mailles. Ms dans la première maille.

Ms dans la maille suivante, db dans la maille suivante. Ms jusqu'aux 2 derniers mètres.

Sections 5-29 : Répéter les rangées 3 et 4 30-31 fois : section 1, changer.

Coupez le fil dans chaque maille et nouez-le, tissu dans chaque extrémité.

4. Torchon Tulip

Les mailles groupées se combinent dans ce motif pour ressembler à de jolies tulipes de printemps. Vous pouvez ajouter des rangs supplémentaires pour le rallonger si vous le souhaitez.

Matériaux nécessaires :

- ✓ Fil de coton Lily's Sugar 'n Cream en vert chaud (A)
- ✓ en jaune (B)
- ✓ en blanc (C)
- ✓ en dégradé de jaune à blanc (D)
- ✓ en dégradé de vert clair à vert citron (E)
- ✓ un crochet de taille US I/9 (5,50 mm), une aiguille à tapisserie.

Maille groupée : enroulez le fil autour du crochet, insérez le crochet dans la maille, enroulez le fil et tirez-le à travers, enroulez le fil et tirez-le à travers les deux premières boucles sur le crochet. Enroulez le fil et insérez le crochet dans la même maille, enroulez le fil et tirez-le à travers, enroulez le fil et tirez-le à travers les deux premières boucles sur le crochet. Répétez ces deux étapes deux fois de plus. Vous aurez maintenant cinq boucles sur le crochet. Enroulez le fil et tirez-le à travers les cinq boucles. Faites une maille en l'air pour verrouiller la maille (cela forme l'œil de la maille).

Avec le fil A, crochetez 26 mailles en l'air.

Rang 1 : 3 ml, brides sur tout le rang, tournez.

Rang 2 : 3 ml, *sautez 1 m, maille groupée dans la m suivante* répétez sur tout le rang en finissant avec une bride dans la dernière maille en l'air, tournez.

Rang 3 : Avec le fil B, 3 ml, *sautez 1 m, maille groupée dans la m suivante* répétez sur tout le rang en finissant avec une bride dans la dernière maille en l'air, tournez.

Rang 4 : Avec le fil A, 3 ml, *sautez 1 m, maille groupée dans la m suivante* répétez sur tout le rang en finissant avec une bride dans la dernière maille en l'air, tournez.

Rang 5 : Avec le fil C, 3 ml, *sautez 1 m, maille groupée dans la m suivante* répétez sur tout le rang en finissant avec une bride dans la dernière maille en l'air, tournez.

Rang 6 : Avec le fil A, 3 ml, *sautez 1 m, maille groupée dans la m suivante* répétez sur tout le rang en finissant avec une bride dans la dernière maille en l'air, tournez.

Rang 7 : Avec le fil D, 3 ml, *sautez 1 m, maille groupée dans la m suivante* répétez sur tout le rang en finissant avec une bride dans la dernière maille en l'air, tournez.

Rang 8 : Avec le fil A, brides sur tout le rang et arrêtez.

Bordure : Attacher la couleur C dans une ms, faire 1ml, 1ms régulièrement autour de la pièce en travaillant 3ms dans chaque coin, joindre et couper le fil.

Attacher la couleur E dans un coin et faire 3ml, 5 brides dans le même espace, 1ms dans la maille suivante, 3 brides dans la maille suivante répéter en travaillant 6 brides dans chaque coin, joindre et couper le fil.

Renfiler les fils restants.

5. Tapis de table

Débutant/Facile

À propos :

Ces magnifiques sets de table sont un moyen sûr d'égayer votre table. Ils prennent peu de temps à réaliser et, une fois conçus, offrent une texture magnifique à une présentation de table déjà époustouflante.

Matériaux et fournitures :

- Fil de poids 4.
- 2 pelotes couleur A, 2 pelotes couleur B, 2 pelotes couleur C, 2 pelotes couleur D, 2 pelotes couleur E.
- Crochet de taille H.
- 1/3 yard de lin de couleur naturelle. Cela suffit pour 4 sets de table, chacun mesurant 13 ½ par 10 ½ pouces.

Abréviations utilisées :

- Maille en l'air (**ml**)
- Maille coulée (**mc**)
- Maille serrée (**ms**)

Instructions de modèle :

Pour faire le set de table

Coupez le lin pour qu'il mesure 8 par 12 pouces. Faites un ourlet étroit.

Attachez la couleur A le long d'un bord. Ms sur l'ourlet, *1 ml, ms sur l'ourlet. * Répétez de * à * en faisant des ms espacées d'environ 1/8 pouce. Aux coins, faites 3 ms dans le même espace, avec une ml entre chaque ms. 1 ml et rejoignez avec une mc à la 1ère maille, 1 ml.

Rang 1 : *Ms sur l'espace de 1 ml, 1 ml. * Répétez de * à * autour. Aux coins, faites 3 ml au lieu de 1 ml. Joignez avec une mc à la 1ère maille de la rangée. 1 ml.

Rang 2 : *Ms sur l'espace de 1 ml, 1 ml. * Répétez de * à * autour. Au coin, faites 3 ms avec 1 ml entre chaque, sur les boucles de 3 ml.

Alternez les rangées 2 et 3 pour tout le set de table, en travaillant dans ce modèle : 3 rang de couleur A, 1 rang de couleur B, 3 rang de couleur C, 1 rang de couleur B, 3 rang de couleur D, 1 rang de couleur B, 3 rang de couleur E, 1 rang de couleur B. Le set de table sera fini avec une rang de couleur A.

6. Cercles rayés sous-verres avec bordure festonnée

À propos :

Ces sous-verres circulaires rayés ont une belle bordure festonnée qui les rend délicieux à regarder. Ils fonctionnent merveilleusement comme des sous-verres de tous les jours, ou comme un ensemble qui peut être utilisé lors de fêtes spéciales, ou lorsque vous avez des invités chers.

Matériaux et fournitures :

- Fil de poids 4, 4 balles.
- 2 balles de couleur A, 2 balles de couleur B.
- Crochet taille H.

Abréviations utilisées :

- Mailles en l'air (**ML**)
- Maillet coulé (**MC**)
- Maillet simple (**MS**)
- Maillet double (**MD**)

Instructions du motif :

Pour faire le fond :

Rang 1 : En commençant au centre avec la couleur A, ML 4. 11 MD dans la 4ème maille à partir du crochet. MC dans la maille supérieure de la chaînette de départ.

Rang 2 : Laissez tomber la couleur A, attachez la couleur B, ML 1, MS au même endroit que le MC, *2 MS dans la maille suivante, MS dans la maille suivante. * Répétez de * à * tout autour. Joignez.

Rang 3 : Laissez tomber la couleur B, prenez la couleur A. ML 3, 1 MD dans chaque maille tout autour, en augmentant 12 MD uniformément. Pour augmenter une MD, faites 2 MD dans 1 maille.

Rang 4 : Laissez tomber la couleur A, prenez la couleur B, ML 1. MS dans chaque maille tout autour, en augmentant 6 MS uniformément.

Répétez les tours 3 et 4 alternativement jusqu'à ce que la pièce mesure environ ¼ de pouce de plus tout autour que le fond du verre, en terminant par un tour 3.

Pour faire la bordure :

Rang 1 : Laissez tomber la couleur A, prenez la couleur B. Tournez, et faites des MS dans la boucle arrière de chaque maille tout autour. Joignez.

Rang 2 : Laissez tomber la couleur B, prenez la couleur A. MS au même endroit que le MC. ML 5, 3 MD où la dernière MS a été faite, sautez 3 MS, MS dans la MS suivante. Répétez de * à * tout autour. Joignez. Coupez la couleur A.

Rang 3 : Prenez la couleur B, 5 MS dans la boucle de ML 5, MS dans les 3 MD suivants. Répétez de * à * tout autour. Joignez et coupez.

Attachez la couleur B et, en travaillant sur les boucles libres du dernier tour de MD du fond, travaillez une deuxième bordure comme suit :

Rang 1 : MS dans chaque maille tout autour, augmentée de 8 MS uniformément. Joignez.

Rang 2 : Identique au tour 2 de la 1ère bordure, en sautant 2 (au lieu de 3) mailles. Joignez et coupez. Complétez comme pour la 1ère bord

7. Couverture pour bébé

Ce modèle de couverture au crochet contient des instructions pour trois tailles : prématuré, nouveau-né et bébé/enfant. Les instructions listent d'abord la taille la plus petite avec les changements entre parenthèses pour les tailles plus grandes. Les étapes suivantes n'ont pas de bordures ; la couverture finie sera un peu plus grande si vous souhaitez ajouter une bordure.

Matériaux

Prématuré : La plus petite couverture mesure environ 26 cm de largeur et 34 cm de longueur. Pour réaliser ce projet, vous aurez besoin de 2 à 3 pelotes de 5 oz de fil Bernat Softee. En ce qui concerne la quantité de fil nécessaire, la couverture elle-même nécessite environ 724 yards / 662 mètres, plus un peu plus pour votre échantillon.

Nouveau-né / couverture de réception : une couverture de taille moyenne mesure 30 pouces de longueur. Vous pouvez la rendre un peu plus rectangulaire en la faisant mesurer 30" x 34". Selon la proximité de vos mailles, vous aurez besoin de deux à trois pelotes de 5 oz de Bernat Softee pour cette taille.

Enfant en bas âge : la plus grande couverture mesure 36 pouces sur 44 pouces. Quatre pelotes de 5 oz de Bernat Softee sont nécessaires pour réaliser cette taille.

Matériel supplémentaire pour le crochet

- ✓ **Crochet de taille I.** (Vous pouvez avoir besoin d'un crochet de taille différente pour obtenir la bonne taille).
- ✓ Utilisez cette aiguille à tapisserie lorsque vous avez terminé de crocheter votre couverture.
- ✓ **Marqueur** : Utilisez un marqueur de maille ou une épingle de sûreté pour marquer une maille au début de votre travail.
- ✓ **Échantillon d'échantillon de maille** : 4 mailles = 1 pouce lorsque le motif de mailles est crocheté.
- ✓ **Échantillon de rangée** : pour ce modèle, le calibre de rangée n'est pas significatif.

Pour vérifier votre taille, faites un échantillon de taille. Crochetez un échantillon de taille. Formez une chaîne de départ de 25 mailles en suivant les instructions du modèle de la couverture jusqu'à ce que le morceau soit carré. Commencez. Terminez.

Mesurez votre échantillon pour voir combien de mailles vous crochetez par pouce. Comparez votre échantillon avec celui du modèle (ci-dessus). Utilisez un crochet plus petit si vous crochetez moins de mailles par pouce que ce qui est suggéré.

Vous devez faire un échantillon car vous voulez que votre couverture pour bébé soit de la bonne taille. Sauf si votre calibre est différent, votre couverture peut finir par être de la mauvaise taille, ou vous pouvez manquer de fil avant que la couverture ne soit terminée.

Les directions de conception vous indiquent de crocheter les espaces de ch-1. Si vous trouvez cela difficile - parfois ils semblent disparaître - poussez votre doigt soigneusement de l'arrière vers l'avant dans une rangée de mailles. Vos mains perçoivent la distance, mais vos yeux ne la notent pas d'abord.

Instructions

Notez que les instructions sont petites (entre parenthèses).

Rang 1: Placez le marqueur de maille dans la première ch de votre crochet. Sc du crochet dans la 3ème ligne. [ch 1, sautez la ch suivante, ms dans la ch suivante.] Répétez tout au long des lignes. Ch 1, tournez.

Rang 2: [ms dans le prochain espace ch-1, ch 1.] Remplacez la séquence entre crochets dans le reste de la rangée. À la fin de la rangée, travaillez une maille serrée dans la maille où vous avez mis le marqueur; le marqueur peut être enlevé avant que la maille ne soit traitée. Ch 1, tournez.

Rang 3 et suivants: Toutes les rangées restantes sont identiques à la Rangée 2, avec une petite différence: déplacez la dernière maille serrée à la fin de la rangée à travers les chaînettes de tournage de la rangée précédente. Répétez cette rangée jusqu'à ce que la couverture pour bébé atteigne la longueur souhaitée.

Remarque: Si vous choisissez de changer de pelote de laine, utilisez la même procédure que pour le changement de couleur.

Lorsque la couverture pour bébé est aussi longue que vous le souhaitez, coupez votre fil, en laissant six pouces de fil supplémentaire. Enfilez l'aiguille à tapisserie avec l'extrémité du fil et passez l'extrémité libre du fil dans la couverture à l'aide de l'aiguille. Répétez pour toute autre extrémité libre (lorsque vous passez d'une pelote de laine à l'autre).

Ce modèle fonctionne très bien sans bords supplémentaires, mais vous pouvez en ajouter un si vous le souhaitez. De nombreuses couvertures pour bébé sont disponibles. Un point de maille serrée autour de tout le bord de la couverture est une option simple qui va bien avec le motif de crochet individuel.

8. Coussin Highland Ridge

Matériaux et fournitures

- ✓ Crochet US modèle K/10.5 (6,5 mm)
- ✓ Crochet ou modèle de crochet pour obtenir un échantillon
- ✓ Aiguille à laine
- ✓ Ciseaux
- ✓ Inserts de coussin de 18 pouces (que l'on peut acheter ou utiliser mon tutoriel pour en faire soi-même !)

Le modèle est réalisé en rangs.

Instructions

Ch 2 comptent comme 1 demi-bride avant le 1er rang pair. Ch 2 compte comme 1 bride avant le 1er rang impair.

Travaillez le motif en deux parties deux fois.

Rang 1 (endroit) : faire 48 ml, 1 bs dans la 3ème maille en partant du crochet (la 1ère maille compte pour 1 bride), puis 47 bs dans chaque maille restante.

Rang 2 : Ch 2 (compte 1 demi-b avant) & changer, 1 demi-b en relief avant dans chaque maille – 47 demi-b en relief avant.

Rang 3 : Ch 2 (compte 1 bs) & changer, 1 bs dans chaque maille – 47 bs.

Rang 4-31 : Répéter les rangs 2-3.

Rang 32 : Répéter la section 2.

Après le rang 32, ajoutez la première pièce. Après le rang 32, ne serrez pas et continuez à suivre les instructions.

Finition :

Assemblez les deux pièces pour atteindre les extrémités endommagées. Poursuivez à l'endroit où vous avez laissé la deuxième pièce à la fin du rang 32 : faire 1 maille en l'air, répartir également sur les trois côtés à travers les deux pièces.

Insérez le coussin et continuez le long du quatrième côté. Rentrez la première maille serrée de manière invisible et arrêtez.

9. Anneau de serviette Tournesol

Il s'agit d'une autre pièce qui serait belle sur la table avec les dessous de verre et le porte-serviettes. Utilisez les couleurs spécifiées pour tous les anneaux de serviette ou variez les couleurs pour plus de variété.

Matériaux et fournitures :

- ✓ Red Heart Super Saver en Paddy Green (A),
- ✓ Café (B), Or (C),
- ✓ Crochet taille US I/9 (5,50mm),
- ✓ Crochet taille US G/6 (4,25mm),
- ✓ Aiguille à tapisserie.

Modèle :

Rang 1 : Avec le crochet plus grand et la couleur A ch13, dans 2ème ml à partir du crochet ms, ms sur le reste, tourner

Rang 2 : ch3, sautez 1 m, V stitch sur tout, terminer avec 1db dans la dernière maille

Rang 3 : Répéter la rangée 2

Rang 4 : ch1, ms sur tout, couper en laissant une longue queue pour coudre les extrémités ensemble. En tenant les mauvais côtés ensemble, faire une couture point arrière en attrapant uniquement les boucles extérieures des mailles de bordure. Rentrez les fils.

Fleur

Rang 1 : Avec le plus petit crochet et la couleur B ch3, 6ms dans la 1ère ml, joindre et couper le fil

Rang 2 : Attacher la couleur C dans n'importe quelle ms, 1ml, puff st tout autour, joindre et couper le fil en laissant une longue queue pour coudre la fleur sur l'anneau de serviette.

10. Décor à Pompons Drapé

Débutant/Facile

À propos :

Ce rideau est un modèle simple pour tout débutant à réaliser. Il donne un aspect élégant et vintage à n'importe quelle pièce où il est ajouté. Contrairement à certains rideaux, celui-ci devrait être assez transparent, ce qui signifie qu'il continuera à laisser passer la belle lumière, tout en vous donnant quelque chose de magnifique à regarder. Vous serez certainement fier de ce projet lorsque vous aurez terminé !

Matériaux et fournitures :

- Fil de poids 3. 38 pelotes de la couleur de votre choix.
- Crochet de taille D.

Abréviations utilisées :

- Maillot en l'air (**ml**)
- Maillet coulé (**mc**)
- Maillet double (**md**)
- Maillet triple (**mt**)

Instructions de modèle :

Rideau

En commençant par le bas de votre rideau, faites une chaîne d'environ 4 mètres de long.

Rang 1 : md dans la 8ème ml après le crochet, 2 ml, sautez 2 espaces ml, md dans la ml suivante. Répétez de * à * à travers. 10 ml (pour compter comme mt, mt et 2 ml). Tournez.

Rang 2 : mt, mt (enroulez 4 fois) dans la md suivante, 2 ml, mt, mt dans la md suivante. Répétez de * à * à travers, en faisant le dernier mt, mt dans la 3ème maille de la chaîne tournante. 5 ml, tournez.

Rang 3 : md dans le mt suivant, mt, 2 ml. Répétez de * à * à travers, en faisant le dernier md dans la 3ème maille de la chaîne tournante. 10 ml, tournez.

Les 2 dernières rangées constituent le modèle. Travailler selon le modèle jusqu'à ce que la pièce mesure 2 ¾ mètres de long ou la longueur désirée.

Attache

Faire une chaîne d'environ 18 pouces de long. Travailler selon le modèle de rideau pendant 5 rangées, en commençant et en terminant avec des rangées d'espaces md.

Bordure à Pompons

Coupez 2 morceaux de carton, chacun d'un diamètre de 1 ½ pouce. Au centre de chaque pièce, coupez un trou de ½ pouce. Placez les 2 pièces ensemble.

Coupez 12 brins de fil, d'environ 4 mètres de long chacun. Enroulez-les autour du cercle de carton jusqu'à ce que le trou central soit complètement rempli.

Coupez autour des bords du fil, en laissant le trou central rempli. Prenez un petit morceau de fil et attachez-le autour des pièces centrales.

Retirez le carton et coupez uniformément. Coudre les pompons à 6 pouces d'intervalle sur les bords latéraux et inférieurs.

11. Panier de fil

Matériaux et fournitures

- environ 200 yards de fil épais ou 315 yards de fil super épais (j'ai utilisé Red Heart Soft Essentials pour le panier blanc cassé)
- crochet taille H (5,00mm) ou taille nécessaire pour obtenir l'échantillon
- marqueur de maille
- aiguille à tapisserie et ciseaux

Modèle :

Rang 1 : 3 ml, 1 mc dans la première maille pour former un cercle, 7 ms dans le cercle.

Rang 2 : 2 ms dans chaque maille. Vous devriez avoir 14 ms à la fin de ce tour.

Rang 3 : Alterner en faisant 1 ms dans une m et ensuite 2 ms dans 1 m. Vous devriez avoir 21 ms à la fin de ce tour.

Rang 4 : Alterner en faisant 2 ms dans les deux m suivantes, 2 ms dans 1 m. Vous devriez avoir 28 ms à la fin de ce tour.

Rang 5 : Alterner en faisant 3 ms dans les trois m suivantes, 2 ms dans 1 m. Vous devriez avoir 35 ms à la fin de ce tour.

Rang 6 : Alterner en faisant 4 ms dans les quatre m suivantes, 2 ms dans 1 m. Vous devriez avoir 42 ms à la fin de ce tour.

Rang 7 : Alterner en faisant 5 ms dans les cinq msuivantes, 2 ms dans 1 m. Vous devriez avoir 49 ms à la fin de ce tour.

Rang 8 : ms dans les boucles arrière de chaque maille. Vous devriez avoir 49 ms à la fin de ce tour.

Rang 9-16 : Faire des mailles se tout autour, en maintenant 49 mailles pour chaque tour.

Rang 17 : 22 ms, 9 ml pour faire une anse, sauter 3 m, ms dans les 21 m suivantes, 9 ml et sauter 3 m à nouveau pour faire la deuxième anse.

Rang 18 : Continuer à faire des ms autour du bord.

Lorsque vous atteignez les anses, faire des ms sur les mailles, en faisant autant que nécessaire pour couvrir les mailles du tour précédent.

Faire 1 mc, couper le fil et rentrer les extrémités.

12. Panier de dessous de verre

Rangez vos dessous de verre dans ce joli panier pour les garder ensemble.

Matériaux et fournitures :

- ✓ Fil Red Heart Super Saver en vert Paddy (A), café (B), Aran (C) et or (D),
- ✓ Crochet de taille US I/9 (5,50 mm),
- ✓ Aiguille à tapisserie.

Point spécial :

Maille serrée inversée ou maille crab - insérez le crochet dans la maille de droite, faites un jeté et tirez-le à travers, faites un jeté et tirez-le à travers les deux boucles sur le crochet. Insérez le crochet dans la maille de droite et répétez à travers.

Notes : En tournant le tissu après chaque tour, les groupes de mailles ne penchent pas comme ils le font dans un carré Granny. La base est travaillée, puis les côtés sont travaillés après un tour de mailles serrées doubles postérieures pour former le rebord de la base.

Ne pas couper le fil lorsque vous changez de couleur aux Tours 5-7. Attrapez les couleurs inutilisées sous le fil de la première maille serrée et portez-les le long des côtés du panier.

Modèle :

Avec la couleur A, créez un **cercle magique** et travaillez 9 ms à l'intérieur du cercle, joignez.

Rang 1 : 3 ml, 2 bs dans le même espace, 1 ml, sautez 1 m, 3 bs dans la m suiv, 1 ml, sautez 1 m tout autour, joignez dans la 3ème ml, tournez.

Rang 2 : 3 ml, 2 bs dans le même espace, (ce sera le premier espace de 1 ml) 1 ml, dans l'espace de 1 ml, travaillez 3 bs, 1 ml, 3 bs dans la 2ème bs du groupe suivant, 1 ml répétez tout autour et joignez dans la 3ème ml, tournez.

Rang 3 : 3 ml, 2 bs dans le même espace, (ce sera le premier espace de 1 ml) dans l'espace de 1 ml, travaillez 3 bs, 3 bs dans la 2ème bs du groupe suivant répétez tout autour et joignez dans la 3ème ml, tournez et coupez le fil.

Rang 4 : En tenant la base avec l'envers vers vous, attachez le fil B autour du poteau d'une bride, 3 ml, bs avant autour de chaque m tout autour, joignez dans la 3ème ml, tournez.

Rang 5 : 1 ml, ms dans chaque bs tout autour, passez à la couleur D sur la dernière m, joignez.

Rang 6 : 1 ml, ms dans chaque ms tout autour, passez à la couleur C sur la dernière m, joignez.

Rang 7 : 1 ml, ms dans chaque ms tout autour, passez à la couleur D sur la dernière m, joignez et coupez le fil C.

Rang 8 : ml, ms dans chaque ms tout autour, changer pour la couleur B sur la dernièr m, joindre et couper la couleur D.

Rang 9 : ml, ms dans chaque ms tout autour, changer pour la couleur A sur la dernière m, joindre et couper la couleur B.

Rang 10 : ml, ms en maille serrée inversée dans chaque ms tout autour, joindre dans la ml et couper. Rentrer les fils.

3.2 Accessoires

13. Bracelets de poignet

Les bracelets de poignet au crochet sont si bon marché et rapides à réaliser qu'ils sont le complément parfait pour les jeunes filles et les adultes. Ce modèle est facile à crocheter à n'importe quelle taille que vous voulez, le rendant accessible dans n'importe quel matériau à crocheter. Le bracelet de poignet au crochet est conçu pour glisser sur le poignet pour retirer la boucle. Et la plupart des enfants seront en bonne santé et en sécurité.

Matériaux et fournitures

- Fil : Red Heart Super Saver #4 ou un fil de taille 3 ou 10 Crochet.
- Crochet : H/8-5.00 mm pour #4, un G pour 3 et un 1,65 mm pour 10.

Le niveau de compétence pour ce modèle est facile / intermédiaire.

Les dimensions finies sont les suivantes : elles mesurent environ 3,5" en dimension. Elles peuvent cependant être modifiées à n'importe quelle taille si approprié.

Cette conception montre comment tout faire dans une seule couleur de bracelet. Il est donc facile d'ajouter un peu plus de couleur dans le deuxième tour en passant à une nouvelle couleur.

Instructions

Avec du fil de poids et un crochet H : Faire 1 ch de 22 ou n'importe quel nombre lâchement.

Incorporer 1 mc dans la première ch pour que les chaînes ne tournent pas.

Rang 1 : 1 ml, travailler dans les boucles arrières et chaque chaîne autour; ajouter une maille serrée dans la première maille serrée en maille coulée. (22 points.)

Rang 2 : 1 ml (1 ms, 1 bride) dans la même m que la jonction, * sauter la boucle suivante (1 ms, 1 bride).

Répéter à partir de * tout autour ; ajouter une mc dans la première ms. (22 mailles)

Rang 3 : 1 ml, 1 ms dans chaque m tout autour, ajouter une mc dans la première ms(22 m)

Couper le fil

Avec un fil de taille 3 et un crochet G : faire une chaîne de 30.

Avec un fil de taille 10 et un crochet en acier de 1,65 mm : faire une chaîne de 56, suivre les instructions ci-dessus, pour crocheter ce bracelet de poignet à une taille personnalisée, il suffit d'augmenter ou de diminuer vos mailles par deux.

14. Bracelet enroulé simple

Matériaux et fournitures

- ✓ Fil de broderie en coton perlé DMC et fil de crochet en coton métallisé de taille 10 de Aunt Lydia (or)
- ✓ Ciseaux
- ✓ Bouton
- ✓ Crochet de taille 2,75 mm (C2)

Instructions de modèle :

Faire une chaîne de la longueur souhaitée pour enrouler le bracelet 3 fois autour du poignet ; n'hésitez pas à faire plus de mailles pour que le bracelet s'enroule autant de fois que vous le souhaitez autour du poignet prévu.

Une fois que vous avez terminé de créer la longueur de chaîne souhaitée, créez une grosse maille supplémentaire qui va devenir la boucle.

Créez 1 autre m au-delà de la grande m. (en travaillant la dernière maille, il est recommandé de maintenir la grosse maille)

Faites 1 mc dans la deuxième m à partir du crochet (celle qui suit la grosse maille).

Faites 1 mc sur toutes les m de la ch, puis terminez.

Prenez l'extrémité de départ et l'extrémité de fin pour attacher un bouton de votre choix.

Fixez le bouton en faisant deux nœuds plats, coupez les extrémités et fixez-les davantage en appliquant de la colle.

Une fois que vous avez enroulé le bracelet autant de fois que possible autour de la cheville ou du poignet, utilisez la boucle pour fixer le bouton.

15. Bracelets d'amitié

Matériaux :

- ✓ Crochet taille E de 3,5 mm (ou comme indiqué sur l'étiquette du fil que vous utilisez)
- ✓ Fil de coton mercerisé à 100 % ou tout autre fil (parfait pour utiliser des restes de fil)
- ✓ Paire de ciseaux
- ✓ Aiguille à coudre
- ✓ Perles (ce modèle utilise 11 perles pour chaque bracelet)

Instructions :

Enfiler les perles sur le fil, puis les faire glisser vers l'écheveau de fil.

Faire une chaînette de 50 + 1 ml (qui correspond à la maille tournante), tourner.

25 ms + 1 ml tournante, tourner.

Faire 2 ms, *placer la première perle près de l'endroit où vous allez faire 1 ms suivante, de manière à ce que la perle soit intégrée au bracelet.

Faire 1 ms, puis répéter à partir de * dix fois. *

Terminer par 1 ms dans les 2 m, faire 1 ch (qui sert de maille tournante), 1 bs dans les 2 dernières m, tourner, faire des ms dans les 25 m du segment de bracelet où se trouvent les perles, puis une mc dans la dernière ml.

Couper le fil en laissant une longue queue.

Fixer le fil sur le côté restant du bracelet, faire une chaînette de 25 mailles, puis couper le fil en laissant une longue queue.

Faire deux ou trois nœuds de chaque côté du bracelet, près des chaînettes.

Coudre les extrémités restantes (en effectuant un point arrière pour les fixer solidement).

16. Queen Choker

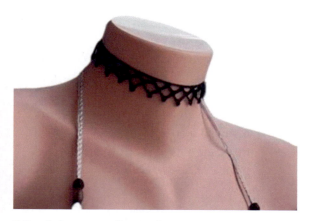

Matériaux et fournitures:

- ✓ Coton à crocheter 3 plis dans la couleur préférée (ce modèle utilise le Milford Soft de Spotlight)
- ✓ Ciseaux
- ✓ Marqueur de point (ce modèle utilise une épingle à cheveux)
- ✓ Crochet de 2 mm Instructions de modèle:

Ch 65 (longueur de la cravate - peut être plus courte ou plus longue selon les préférences personnelles) placer le marqueur dans la chaîne 65. Chaîner 74 autres mailles pour avoir un total de 138.

Rang 1: Sauter la 1 ch puis faire une ms dans chaque m jusqu'à atteindre le marqueur (ne pas coudre le marqueur pour crocheter dans la ch, chaîner 4, tourner (74).

Rang 2: (Ch 4 va compter comme ch et 1 bs) sauter 1 m, faire une bride dans la maille suivante. *Ch 1, sauter 1 maille et faire une bride dans la m suivante, reprendre jusqu'à la fin de la rangée. * Ch 1, tourner.

Rang 3: (Ch 1 de la rangée précédente ne compte pas comme 1 ms) * faire 1 ms dans la bs, faire 1 ms dans l'espace de la ch puis reprendre jusqu'à la fin de la rangée *, ch 1, tourner (74).

Rang 4: (Ch 1 va compter comme 1 ms) sauter deux mailles, faire trois fois une bride dans la maille suivante, ch 2, faire un point glissé sur le dessus de la troisième bride, faire trois fois une bride dans la même maille que les 1ères trois brides (picot). Sauter deux mailles, faire une maille serrée dans la maille suivante, reprendre jusqu'à la fin de la rangée.

Faire un point de chaînette en haut du choker, chaîner 65 (cravate).

Couper le fil, nouer l'extrémité des liens.

17. Bandeau

Matériaux et fournitures

- Fil de laine: fil de laine Worsted de 60 yards / 28 gr. Pour la comparaison, utilisez Swish Worsted Knit Picks en Conch.
- Crochet : Échelle I/9 – crochet 5, 50 mm (ajustez pour obtenir le bon échantillon).
- Autres : aiguille à tapisserie pour tisser les extrémités.

Le bandeau fini mesure environ 19" de diamètre. À son point le plus étroit à l'avant, il mesure environ 2-1/4 pouces de hauteur et 3-1/2 pouces de longueur au point le plus élevé à l'arrière. Vous pouvez changer le diamètre à la fin de chaque segment en ajoutant ou en enlevant une rangée.

Mesurez le travail après les 5 premières rangées du motif. Vous avez besoin d'un carré d'environ 2-1/4 pouces de long. Utilisez un petit crochet si c'est plus grand. Utilisez un gros crochet si c'est plus petit.

Variante de point : Ce motif de bandeau utilise une demi-bride dans laquelle vous travaillez uniquement dans les boucles arrière des mailles.

Notes de style

Ch 2 pour la chaînette de tournant entre chaque planche

la ch de tournant est une maille demi-b dans tous les cas.

Ce bandeau commence au milieu de la pièce et travaille vers l'arrière

Faites ensuite pivoter le travail et crochetez l'image miroir de la première moitié de la pièce.

Arrêter de tisser des extrémités supplémentaires en cassant le fil et en commençant au milieu.

Tirez environ 30 mètres de fil, enroulez-le en boule, puis crochetez.

Instructions

Divisez le fil et faites des nœuds coulants de départ - un travail avec un peu de fil de balle ch 10.

Rang 1 : demi-b dans la troisième ch du crochet et chaque ch. Les 2 premières chaînettes de la rangée sont les 1 m demi-bride, ce qui vous donne un total de 9 mailles demi-b.

Rang 2-6 : demi-b sur le brin arrière pour chaque m, dans chaque rangée, total de 9 m.

Rang 7 : demi-b sur le brin arrière dans chaque m, 2 demi-b pour la ch de tournant à la fin de cette ligne pour un total de 10 m.

Rang 8 : dans chaque m, travaillez la demi-b sur le brin arrière = 10 m

Rang 9 : 2 demi-b dans la ch de tournant pour un total de 11 m

Rang 10 : demi-b dans chaque m sur le brin arrière.

Rang 11: 2 m en demi-b dans la ch tournante à la fin du rang pour un total de 12 m

Rang 12: Dans la m suivante, 1 demi-b par le brin arrière

Rang 13: Travaillez une colonne de demi-b - travaillez 2 m en demi-brides pour un total de 13 m

Rang 14: Fonction demi-b dans la m suivante par le brin arrière

Rang 15: 2 m en demi-b dans la ch tournante à la fin du rang pour un total de 14 m .

Rang 16-20: 1 demi-b dans chaque m par le brin arrière

Vous pouvez ajouter une rangée supplémentaire si vous voulez créer un bandeau plus grand.

Fonction moins de rangées ici pour faire un bandeau plus petit.

Placez la boucle active sur une épingle de sûreté ou un marqueur de point.

Changez de côté et retournez sur le côté avec la chaînette de départ pour faire l'autre moitié du bandeau.

Rang 21: Prenez une boucle et faites 2 ml avec le fil connecté à l'écheveau. Travaillez en revenant sur la chaînette de départ 1 demi-b dans le brin libre de chaque m de la ch. Total = 9 m en demi-b.

Rang 22-26: Répétez les lignes 2-6.

Rang 27: Aug 1 m au début de la section, 2 demi-b dans le brin arrière de la première m, dans cette ligne et dans le reste du motif, aug de cette façon, terminez le reste de la rangée en travaillant une demi-b dans chaque m dans le rang suivant, total = 10 m.

Rang 28: 1 demi-b dans le m par le brin arrière

Rang 29: Augmentez d'une m au début de la ligne. Total = 11 m dans le rang.

Rang 30: Fonction demi-bride sur chaque m par le brin arrière = 11 m dans le rang.

Rang 31: Augmentez d'une m au début de la section. Total = 12 m dans le rang.

Rang 32: Dans la m suivante, fonction demi-bride par le brin arrière = 12 m dans la section.

Rang 33: Augmentez d'une m au début de la ligne. Total = 13 m dans le rang.

Rang 34: Dans chaque m, travaillez une demi-bride par le brin arrière = 13 m dans le rang.

Rang 35: Augmentez d'une m au début de la portée. Total = 14 m dans les rangs.

Rang 36-40: demi-b dans chaque m par le brin arrière

Si, au cours de la première moitié du projet, vous avez ajouté des rangées supplémentaires après la rangée 20, veuillez ajouter le même nombre de rangées à la fin également.

Placez une épingle de sûreté ou un marqueur de point dans votre boucle active.

Si le bandeau n'est pas un cadeau, vous pouvez rapidement vérifier et vous assurer que les motifs sont tous corrects. Fixez les côtés du bandeau avec des épingles de sûreté et mettez-le sur le destinataire prévu. Apportez des modifications jusqu'à ce que le bandeau soit terminé.

Terminez le bandeau, gardez les deux extrémités du bandeau et fixez-le avec une maille coulée. Vous pouvez également utiliser un point de surjet ou une autre forme de connexion. Tissez les extrémités.

Facultatif : Vous pouvez appliquer des mailles coulées aux deux bords pour rendre les bords supérieur et inférieur du bandeau plus propres et finis. Cependant, les mailles coulées ne s'étirent pas beaucoup, donc l'ajustement est affecté. Si vous voulez ajouter vos mailles coulées, ajoutez-les et travaillez avec une tension lâche et simple avant de nouer le fil.

18.Attache cheveux

Matériaux et fournitures

- ✓ Une simple attache pour cheveux
- ✓ Du fil de poids Worsted (4) dans votre couleur préférée
- ✓ Une aiguille de crochet de taille 3
- ✓ Des ciseaux

Le processus:

Commencez par un nœud coulant, faites cinq à sept mailles en l'air ; cela forme la première extrémité de votre ruban.

Prenez votre attache pour cheveux ; placez la chaîne crochetée sur le côté avant. Avec votre crochet, tirez le fil à travers l'attache pour cheveux puis vers le haut, formant une boucle. Maintenant, vous devriez avoir deux boucles sur le crochet. Prenez le fil par-dessus l'attache pour cheveux et tirez-le à travers les deux boucles. Une fois de plus, tirez le fil à travers l'attache et vers le haut, formant une autre boucle. Tirez le fil à travers les deux boucles. Continuez tout autour de votre attache pour cheveux.

Une fois terminé, terminez avec huit à douze mailles en l'air pour former une autre extrémité de ruban.

Avec la dernière maille, coupez le fil et tirez-le à travers. Coupez les extrémités du fil juste en dessous de la première maille crochetée.

Faites un nœud pour finir.

19.Jambièrs

Matériaux et fournitures

- ✓ Crochet de 6 mm.
- ✓ 2-3 écheveaux.
- ✓ Aiguille à repriser.
- ✓ Ciseaux

Instructions:

Ch 35

Joignez-1 mc à la 1ère ml. Assurez-vous que votre chaîne n'est pas tordue.

Rang 1 : Faire 3 m en l'air et faire un double crochet dans chaque ml, puis joindre à la 3ème ml avec une mc.

Rang 2 à 28 : 3 ml, 1 bs dans chaque m, Joindre la troisième ml avec 1 mc.

Arrêtez et rentrez les extrémités.

20. Gants sans doigts

Ce modèle est idéal si vous souhaitez porter une paire de gants sans doigts confortable et offrir un cadeau de dernière minute. Ces gants conviennent bien à ceux qui souhaitent faire un don de leur travail pour soutenir les autres, même pour un projet de crochet caritatif rapide.

Matériaux et fournitures

Ce fil est de numéro "3" dans le système de poids du fil de l'organisme Craft Yarn Board. Les noms alternatifs des poids sont "DK", "double tricot" ou "worsted léger" dans toutes les tailles. Pour tous ces gants, une balle Bernat Softee de 5,00 oz / 140 g (longueur: 362 yd / 331 m) est plus que suffisante.

Si vous souhaitez ajouter un autre fil pour les petites et grandes tailles, vous avez besoin d'une moyenne de 45 mètres pour 50 mètres de fil identique. Veuillez noter qu'il s'agit d'une estimation seulement. Assurez-vous que le fil n'est pas épuisé.

Crochet : Utilisation d'un crochet de taille G/6 - 4,25 mm - aiguille à tapisserie ou aiguille à laine : vous avez besoin d'une aiguille à œil suffisamment large pour enfiler votre fil. Il est également utile de pincer les extrémités tout en cousant les côtés des gants sans doigts ensemble. Vous pouvez également considérer qu'un enfileur d'aiguille est utile, bien qu'il ne soit pas nécessaire.

Motif et jauge :

- ✓ Ajouter un triple crochet et une chaînette de 3 jauge n'est pas nécessaire pour ces gants, mais cela affecte la taille et l'ajustement.
- ✓ La jauge de point affecte la longueur des gants. Modifiez le nombre de chaînes pour rendre les gants plus longs ou plus courts.

La jauge de rang affecte la largeur et l'épaisseur des gants. Réglez le nombre de rangs à la taille appropriée.

Instructions :

Modèles de chaîne 30

Rang 1 : 1 db dans la 4 ch à partir du crochet et dans chaque m de la base. Ch 3, tourner.

Rang 2 : 1 db sur une rangée dans 1 m. Ch 3, tourner.

Répéter la rangée 2 avant environ une pièce d'étapes. 6 1/8 pouces, comme vous le souhaitez.

Taille des gants :

Plus ou moins de rangées. Ajouter des rangées db. Calculer le diamètre de votre main (ou de la main de l'utilisateur prévu) au point maximal au-dessus de votre pouce mais en dessous de votre doigt pour décider de la taille des gants que vous souhaitez créer.

Si vous utilisez un fil extensible, comme de la laine, vous voudrez peut-être rendre vos gants plus petits que les mesures réelles de votre main ; le fil est suffisamment étiré pour s'adapter confortablement.

Extra petit pour taille adulte : répéter la rangée 2 jusqu'à ce que la pièce mesure environ 6 1/8 pouces, comme vous le souhaitez.

Petit / moyen pour adultes : répéter la rangée 2 jusqu'à ce que la pièce mesure environ 7 cm.

Pour adultes moyen / grand : répéter la rangée 2 jusqu'à environ 7 7/8 pouces de hauteur.

Vérifiez l'ajustement : il est utile d'essayer rapidement jusqu'à ce que les gants soient terminés. Dans la boucle active, placez une épingle de sûreté, puis attachez les côtés du gant ensemble pour voir s'ils conviennent à la main de l'utilisateur spécifié.

Finition des gants sans doigts :

Lorsque vous êtes satisfait de l'ajustement, vous avez terminé, en laissant une cuisse de fil de 24 pouces que vous utilisez pour enfiler les coutures latérales de vos gants.

Si vous voulez couvrir vos gants, c'est maintenant le moment. Il n'est pas nécessaire de les bloquer, mais si vous utilisez de la laine ou si vous avez l'intention de les offrir en cadeau, cela ajoute une touche agréable.

Assemblez les gants sans doigts :

Pliez le rectangle sur le haut. Utilisez le point de feston pour insérer le haut sur le côté des gants. Passez l'aiguille à tapisserie avec le fil de 24 pouces.

Placez le gant plat en deux pour faire correspondre les côtés supérieur et inférieur.

Commencez à coudre le point de feston dans le coin. Si vous êtes droitier, cousez de droite à gauche. Si vous êtes gaucher, cousez de gauche à droite.

Passez à travers 6, 7, ou environ 2 pouces, puis laissez un espace pour le trou du pouce.

Renforcez les extrémités du trou pour le pouce. Renforcez l'ouverture du pouce en cousant le même point plusieurs fois. Il y a beaucoup d'usure et de déchirure sur l'ouverture du pouce, donc cette étape est nécessaire.

Continuez à coudre le point de feston autour de la pièce dans la même direction, mais ne passez qu'un côté à travers. Passez à travers 8 ou 9 points ou 2 1/2 pouces.

Cousez quelques points supplémentaires à l'autre extrémité de l'ouverture du pouce pour plus de renforcement au même endroit.

Pour finir les gants, continuez à coudre le point de feston à travers les deux tissus.

Suivez ces mesures pour terminer l'autre gant. Avant de rentrer les extrémités, assurez-vous qu'elles correspondent.

Lorsque vous avez terminé de coudre les gants, renseignez les extrémités restantes dans le travail pour qu'elles soient sûres et couvertes.

21. Le Bonnet Plus Modèle

Ce Bonnet Plus est mignon pour la jeune génération (milléniale) car la frange lui donne un peu de piquant avec l'effet d'une queue de cheval. Si vous le souhaitez, omettez le deuxième tour pour enlever la frange. Vous pouvez également utiliser un fil plus léger pour un effet plus aéré, il suffit de surveiller l'échantillon. Si vous substituez un fil plus léger, vous devrez peut-être ajouter plus de rangs pour obtenir l'effet complet.

Taille finie : Taille moyenne de la tête.

Matériaux et fournitures :

- 4 plis tricot worsted. ½ verge de ruban en velours ou en satin (pour attacher la frange si désiré).
- Crochet : Taille H/8 de Susan Bates
- Échantillon : 2 coquilles = 2,25"
- Commencez en haut, faites une chaînette de 4 mailles, puis fermez avec une maille coulée pour former un anneau.

Instructions du modèle :

Rang 1 : 14 ms dans l'anneau. Placez un marqueur à ce point si vous souhaitez suivre votre position.

Rang 2 : *1 ms dans la boucle avant de la prochaine ms, 50 ml lâches, 1 ms dans la boucle avant de la même ms, répétez à partir de * autour (14 boucles en l'air).

Rang 3 : travail dans les brins arrière du tour 1 et en maintenant les boucles en l'air devant, faire 1 ms dans chaque ms.

Rang 4 : *Dans la ms suivante, travaillez (1 ms, 1 db, 1 ms) pour former une coquille, joindre le tour avec 1 mc dans la 1 ms, 1 ml, tourner.

Rang 5 et 6 : Travailler une coquille dans chaque db de chaque coquille du dernier tour, joindre, 1 ml, tourner.

Rang 7 : *Travailler une coquille dans la db de chaque 3 coquilles, travailler 1 coquille dans la ms suivante de la 3ème coquille (1 augmentation de coquille), répéter à partir de * autour, en travaillant 1 augmentation de coquille dans la ms après les 2 dernières coquilles (19 coquilles), joindre, 1 ml, tourner.

Rang 8 à 15 : Répéter le tour 5. Arrêter. Attacher la frange ensemble avec le ruban.

22. Sac à blocs colorés

Matériaux et fournitures

- Crochet taille U.S. H/5,00 mm pour fil DK (Léger Worsted)
- Ultra Pima x 3 (Rose Jaune, Rose & Gris) - approximativement 200 mètres de chaque couleur.

Taille finale : 4 anneaux métalliques en D pour la couture.

Ce sac de blocs de couleur est crocheté en ms autour du haut du sac et en point Suzette pour le reste du sac. Il est léger et facile à tenir, mais assez grand pour y ranger tout ce dont vous avez besoin.

Instructions

Motif en chaînette de couleur A :

Rang 1 : crochetez 1 ms dans la deuxième m. Crochetez 1 ms dans chaque maille de la rangée.

Rang 2-4 : Crochetez 1 ms dans chaque maille de la rangée. Chaînette 1 et tournez.

Rang 5-18 : Crochetez 1 ms et 1 db dans la première m, crochetez 1 ms et 1 db, dans la maille suivante, sautez une maille répétez *jusqu'à la fin et terminez par 1 ms dans la dernière maille.

Rang 19-36 : Changement de couleur B. Crochetez 1 ms et 1 db dans la première m, crochetez 1 ms et 1 db dans la m suivante, sautez une m répétez *jusqu'à la fin et terminez par 1 ms dans la dernière m.

Rang 37-75 : Changement de couleur C. Crochetez 1 ms et une db dans la première m, crochetez 1 ms et une db dans la m suivante, sautez une maille répétez *jusqu'à la fin et terminez par une maille serrée dans la dernière m.

Rang 76-92 : Changement de couleur B. Crochetez 1 ms et une db dans la première m, crochetez 1 ms et 1 db dans la m suivante, sautez une m répétez *jusqu'à la fin et terminez par 1 ms dans la dernière m.

Rang 93-106 : Transition de la couleur A. Crochetez 1 ms et une db dans la première m, crochetez une maille serrée et 1 db dans la m suivante, sautez une m répétez *jusqu'à la fin et terminez par 1 ms dans la dernière m.

Rang 107-110 : Crochetez 1 ms dans chaque m de la rangée.

Coupez le fil et cachez les extrémités.

Finition : Pliez le rectangle fini en deux et cousez les deux bords (le point de matelas a été utilisé pour attacher les bords du sac).

Terminer : Plier le rectangle fini en deux et coudre les deux bords (la couture matelassée a été utilisée pour attacher les bords du sac).

Coudre les anneaux en D sur le sac, en utilisant la couleur A, à environ 1/2 "de la pointe du sac.

Pour chaque poignée, crocheter 2 cordes i; la poignée traversante doit mesurer 18 "de long ou aussi longtemps que vous le souhaitez. Fixer la corde i de l'anneau en D avec un double nœud.

23.Sac de plage

Matériaux et fournitures

Crochet: 5mm ou H/8

Poids de la laine: (5) Épaisse/Bulky (12 à 15 mailles pour quatre pouces)

Ruban rouge: 4 à 5 pelotes (largeur de 7/8")

Épingle de sûreté ou marqueur de maille

Fil rouge et aiguille

Modèle :

Commencez par la base.

Chaîne de 36 mailles.

Rang 1 à 13: 1 ms dans chaque m de la 36 ch, chaîne 1 et retournez.

Rang 14: 1 ms dans les 35 m suivantes, 3 ms dans la m suivante à la fin du rang (c'est-à-dire la 36ème ms), 1 ms dans les m pour faire la largeur de votre sac (environ 12 ms), 3 ms dans la m précédente qui constitue la largeur (2ème) et vous êtes sur le côté opposé de la longueur de la chaîne de base où vous avez chaîné 36, 1 ms dans chacune des 35 m suivantes, 3 ms dans la m suivante à la fin du rang (c'est-à-dire la 36ème maille de la chaîne) (ce sera à nouveau le 3ème coin), 1 ms dans les m pour faire la largeur du sac (environ 12 ms), 3 ms dans la m précédente pour la largeur, 1 mc pour coudre le rang de départ.

Préparez-vous à construire le corps du sac :

Rang 15 : ch 1, 1 ms dans le brin arrière uniquement de chaque ms en rond, 1 mc pour coudre en rond.

Rang 16 : ch 1, 1 ms dans les deux brins de chaque ms en rond, 1 mc pour coudre en rond.

Rang 17, 21, 25, 29, 33, 37 : ch 3 (compte comme 1 db), 1 db dans les deux brins de chaque ms en rond, 1 mc pour coudre en rond.

Rang 18, 22, 26, 30, 34, 38 : ch 1, 1 ms dans les deux brins de chaque db en rond, 1 mc pour coudre en rond.

Rang 19, 23, 27, 31, 35 : ch 4 (1 db et 1 ch), sautez 1 ms, *db dans la ms suivante, ch 1, sautez la ms suivante, ** répétez de * à ** 54 fois, mc pour coudre en rond.

Rang 20, 24, 28, 32, 36 : ch1, 1 ms dans chaque espace en rond, 1 mc pour coudre en rond.

Créer les bretelles :

Mettre le sac à plat et mesurer 5 pouces sur votre fermeture droite et gauche de ce sac et marquer avec un marqueur de maille ou utiliser une épingle de sûreté. Vous pouvez répliquer ceci de l'autre côté du sac. Le marqueur de 5 pouces est le centre de chaque bretelle. Il y aura 4 marqueurs de mailles (2 de chaque côté de votre sac). Crochetez les bretelles à l'aide du motif donné :

Rang 1 : 1 mc dans le ms qui se trouve à 2,5 pouces de la fermeture du sac et du marqueur de m, 1 ch, 1 ms dans les 7 prochains ms. (**vous aurez besoin d'un marqueur de mailles pour cela**).

Rang 2 : 1 ch, 1 ms dans les 3 ms suivants, 1 ch, sauter 1 ms suivant, 1 ms dans les 3 ms suivants.

Le motif pour les rangées impaires : ms dans le ms suivant.

Le motif pour les rangées paires : ch, ms dans les 3 ms suivants, 1 ch, sauter le ms suivant, ms dans les 3 ms suivants.

Vous devez répliquer les rangées impaires et paires jusqu'à ce que vous obteniez un total de 77 rangées. Crochetez 1 ms la bretelle jusqu'à la 2ème fermeture de votre sac sur le même côté du sac. Assurez-vous de maintenir la bretelle centrale en place avec un autre marqueur de maille. Retirez votre marqueur de mailles pour terminer votre travail. ** Répétez de * à ** pour le deuxième côté de ce sac.

Ajout de l'ornement en ruban :

Vous créerez des espaces dans le corps pour les rangs 19, 23, 27, 31 et 35. Vous ajouterez des rubans dans cet espace.

Étape 1 : Attachez votre ruban à son emplacement à l'aide d'une épingle de sûreté où vous avez commencé à créer une tension. Vous devez tisser horizontalement de l'extérieur vers l'intérieur dans les espaces. Si le ruban remplit l'espace sur 1 rangée, vous pouvez déplacer le ruban sans le couper. Il n'est pas nécessaire de couper car la coupe peut tout gâcher et vous devrez le coudre plus tard. Remplissez tous les espaces dans le corps du sac et si votre pelote s'épuise, fermez-la avec une épingle de sûreté pour fermer une pelote et commencez une nouvelle pelote de votre ruban.

Étape 2 : Une fois que vous êtes satisfait de l'emplacement, coupez le ruban restant et fixez-le à la main à toutes les fermetures.

Étape 3 : Utilisez une aiguille pour coudre à la main et enfiler le ruban sur le côté intérieur de votre sac. Il n'est pas nécessaire de coudre les longs rubans à l'extérieur des sacs. L'ornement en ruban pour les bretelles se fait de la même manière. Vous pouvez acheter un écheveau supplémentaire de ruban pour les deux bretelles et coudre les rubans à l'intérieur des bretelles au point de fermeture.

24. Sac à main croisé

Matériaux et fournitures

- Fils Flikka en Birthday Cake H/5,
- 1 crochet de 5,00 mètres,
- 1 pelote d'aiguille de tapisserie Lion Brand et des ciseaux.
- **Pour la garniture:** tissu, aiguille et fil, bandoulière en similicuir de couleur camel lisse (agrafe dorée).
  Remarques de conception : 1 pelote de fil Lion Brand Re-up peut également être utilisée pour ce sac.

Instructions

Point unique : le point de perle modifié fonctionne comme suit : ms, * EJ, insérez simplement le crochet (comme si vous effectuez un ms à poteau avant), tirez une boucle, répétez trois fois à partir de *, EJ, tirez à travers 9 boucles de crochet.

Les chaînes ne comptent pas comme un point au début de chaque tour.

Dimensions finies : 9 pouces de large.

Rang1 : 1 cm, 2 ml, 12 ms dans l'anneau, joindre avec la première ml.

Rang 2 : 2 ml, * bloc de ms, 1 ml, répéter à partir de * à chaque ms autour, ajouter le premier point de perle dans le tour (vous êtes attaché à la partie ms du point de perle).

Rang 3 : 2 ml, ms dans chaque ms autour, joindre à la première ml. Note : chaque point sera de 3 ms, chaque point travaillé autour de la ms et de la ml 1.

Rang 4 : 2 ml, * bloc de ms, 1 ml, sauter 1, répéter à partir de *

Créer un autre cercle.

Joindre les deux cercles ensemble en crochetant le pourtour ensemble tout en gardant les deux cercles ensemble avec les bons côtés. Laissez 20 mailles non crochetées pour l'ouverture.

Changer l'ouverture en crochetant plus/moins pour rendre l'ouverture du sac plus petite/grande.

Rentrez les extrémités. Tournez à l'intérieur pour que les cercles soient à l'extérieur sur les bons côtés.

Ajouter la doublure avec les instructions suivantes.

Ajouter une sangle en faux cuir de chaque côté de l'ouverture de la pochette, en veillant à ce qu'elle attache un point complet et non juste une chaîne de fil.

Doublure du sac

Placez deux morceaux de tissu sous le sac. Vous pouvez le faire en empilant le tissu à mi-hauteur autour de l'arrière du tissu. Tracez autour du sac, en laissant un excès d'environ 1/2 pouce. Marquez le textile là où commence et se termine votre ouverture.

Découpez vos morceaux de tissu.

Le bon côté des morceaux de tissu se fera face. Utilisez du fil et une aiguille pour coudre autour de la boucle ou cousez autour avec une machine à coudre.

Utilisez un point courant (aller-retour) pour coudre le cercle pendant que vous utilisez une aiguille et du fil.

Replier délicatement le tissu d'environ 1/2 cm autour de l'ouverture et l'épingler sur la pochette en crochet. Cela couvre le bord du tissu irrégulier entre la doublure et le sac.

3.3 Vêtements

25. Echarpe pour hommes

Matériaux et fournitures

- Fil 200 g de fil de laine DK / poids léger Knit Picks Swish DK est utilisé pour l'étude à Lost Lake Heather.
- Crochet Longueur K/6.5 mm Changez le calibre approprié si nécessaire.

Mesures: 16 mailles et 28 rangées = 4 po/10 cm en motif

La mesure de la rangée n'est pas importante, mais la quantité de fil que vous utilisez peut être modifiée. À moins que vous n'ayez la taille exacte de l'écharpe finie, assurez-vous que votre échantillon respecte le calibre recommandé.

Longueur finie : environ 75 cm de long et 5 cm de haut ; en ajustant la longueur de votre chaînette de départ, vous pouvez changer l'épaisseur. La distance peut également être commodément changée en travaillant plus ou moins de rangées.

Instructions

Echarpe en crochet pour homme Modèle hiver Ch 301 :

Remarque : Vous pouvez utiliser des marqueurs de mailles pour marquer chaque 25 mailles pour vous aider à suivre une longue chaînette de départ. Ne vous inquiétez pas si vous avez quelques mailles en moins ; c'est un design polyvalent. Si vous ne vous souciez pas de la longueur exacte, cela convient à la longueur spécifiée, et vous n'avez pas besoin d'un compte exact.

Rang 1 : mc dans la 2ème maille à partir du crochet et autour de la rangée dans chaque ml.

Rang 2 : ch 1, tourner.

Rang 3 : ch 1, transformer, travaillez toute la rangée en mc. (300 mts.)

Rang 4 : ch 1, changer, travaillez toute la rangée en mc (300 mts), fonctions dans toute la rangée en ms

Rang 5 : ch 1, tourner, effectuez toute la rangée en mc de la rangée précédente dans le bas

Rang 6 : ch 1, transformer. Rangée 6 : Ch 1, changer. Fonctionnez toute la rangée en mc.

Rang 7 : ch 1, transformer, travaillez toute la rangée en mc.

Rang 8 : ch 1, transformer, fonctionne dans toute la rangée en ms.

Répétez les rangées 5-8 jusqu'à ce que votre écharpe soit aussi haute que vous le souhaitez. Pour maintenir l'équilibre de votre écharpe, assurez-vous qu'elle se termine par 3 rangées de mailles coulées.

Finition en maille serrée et en maille coulée de l'écharpe

Terminez et tissez les extrémités, si nécessaire, bloquez.

Vous souhaitez ajouter une finition supplémentaire ?

Dans un fil ou un tissu assorti, ajoutez une frange.

Assemblez quelques flocons de neige pour obtenir un bel aspect enneigé.

26. Écharpe en maille de mousse

Ce modèle est assez simple pour les débutants. Il n'a pas besoin d'augmentations ou de diminutions tant que vous savez travailler une maille serrée et une maille en l'air ; cette écharpe peut être réalisée.

Matériaux

- **Fil à tricoter** : cette écharpe peut être réalisée avec du fil moyen, choisissez votre préféré.
- **Crochet** : taille K. (Bien sûr, vous pouvez également utiliser un autre type de fil, mais cela peut modifier considérablement la taille finale de votre écharpe en crochet.)

Note : le crochet peut être modifié pour l'échantillon. Cependant, si vous ne vous souciez pas de la taille finale de votre écharpe, l'échantillon n'est pas trop important.

- **Aiguille à tapisserie** : vous devrez enfiler cela dans les extrémités lorsque l'écharpe est terminée.
- **Anneau marqueur** : vous aurez besoin d'un anneau marqueur pour marquer temporairement une maille. Cela se fait pour rendre le travail de la première rangée plus facile. Vous n'avez pas besoin de quelque chose de fantaisie.

Vous pouvez créer une écharpe à crochet étroite d'environ 4 pouces de long en suivant le calcul ci-dessous, il est facile d'ajuster la longueur de votre écharpe en crochet, en fonction du nombre de rangs dans votre crochet.

Il produit une écharpe fine assez longue pour entourer un adulte. Faites-le court pour un modèle d'écharpe en crochet simple pour enfant, avec moins de rangs.

Crochetez 10 à 12 rangs du motif pour tester votre taux de mailles et peser la largeur de l'écharpe. Comparez cette mesure avec une taille de 4 pouces, si votre écharpe est plus large que cela, vous voudrez peut-être commencer avec un crochet plus petit.

Un crochet plus large peut être utilisé car il est plus petit.

Les écharpes en crochet sont réalisées dans plusieurs largeurs, il est donc agréable de les rendre plus petites ou plus larges que la moyenne de 4", si l'écharpe semble être portable dans la largeur que vous l'avez produite, il n'est pas nécessaire de recommencer à moins que vous ayez acheté une grande quantité de fil.

- **Jauge de rang** : la jauge de rang n'est pas nécessaire pour ce motif en particulier car la longueur de l'écharpe dépend du nombre de rangs dans votre crochet. Vous pouvez crocheter autant de rangs que possible pour obtenir la longueur d'écharpe parfaite.

Le style d'écharpe en crochet indique que les crochets "[ ]" suggèrent une série d'instructions répétées.

Si vous avez du mal à localiser vos espaces ch-1, continuez à suivre votre doigt attentivement de l'arrière vers l'avant, sentez votre chemin vers le travail pendant que vous vous accrochez pour voir où ces espaces se trouvent. À chaque rang, vous finissez avec un minimum de 7 ft.

27. Écharpe Infinie

Matériaux et fournitures:

- Toute laine de poids DK conviendra pour ce projet, cependant, vous pouvez également utiliser une laine de poids usée pour une écharpe finie un peu plus grande. Si vous faites des vêtements lumineux pendant les mois plus chauds, vous pouvez essayer du fil de coton.
- Crochet : Vous devez obtenir la jauge correcte pour utiliser une taille de crochet I-9 ou n'importe quel crochet.
- Vous aurez besoin de passer une aiguille à tapisserie à la taille finale. L'écharpe finie mesure environ 61 pouces. Lorsqu'elle est mise à plat l'une sur l'autre, elle mesure environ 7,5 cm de long.
- Dans ce modèle, la jauge de point est essentielle ; la jauge de rang n'est pas aussi importante pour réussir.

Notes de conception:

Plusieurs tailles différentes conviennent bien pour ce type d'écharpe particulier. Ce site est une écharpe fondamentale décente mais fonctionne comme une écharpe plus petite et plus grande.

Veuillez tenir compte de vos préférences personnelles lors de l'évaluation de votre travail et de la mise à l'épreuve de votre jauge.

Les deux considérations clés sont d'obtenir la taille qui vous satisfera et, en même temps, de créer une écharpe plus grande, pour ne pas manquer de laine.

Si vous voulez que l'écharpe soit plus longue afin de pouvoir créer plus de boucles, commencez par une chaîne de départ plus longue. Vous pouvez également raccourcir l'écharpe avec un fil de départ plus court. La chaîne de départ aura plusieurs mailles divisibles par 6 et 4 pour permettre de tels changements. Par exemple, 216 mailles fonctionnent et 240 mailles fonctionnent.

Instructions:

Exécution du patron d'écharpe crochetée Infinity

Ch 228, veuillez noter que ce montant variera si vous souhaitez une écharpe plus courte / plus longue.

Sl st, touchez l'extrémité de la chaîne au début, en maintenant la chaîne droite. Ne la laissez pas vriller.

Rang 1 : ch 1. Travaillez 1 ms dans une ml pour un total de 228 ms. Sl st pour rejoindre la recherche en rond pour la première ms.

Rang 2 : ch 3, 1 bs dans l'anneau, 1 bs suivante m, [2 ml, sautez 2 ms suiv, et travaillez 1 ms suiv à 2 ms.] remplacez-le par des crochets dans toute la série, mc pour rejoindre le début à la fin de la ligne. Vous finirez avec 114 m. en rond et 57 espaces de ch-2.

Rang 3 : ch 1, travaillez des ms dans 2 ms ea esp, mc et travaillez 1 ms ea bs pour pouvoir rejoindre le début à la fin de la ligne. Un total de 228 ms en rond se terminera.

Rang 4 : ml 3. Le nombre est de 1 bs en hauteur plus 1 ml a et sauter la m suivante, [1 bs en hauteur dans la m suivante, 1 ml.] Sauter la série tout autour des crochets. Faire une mc pour commencer le tour à la deuxième ml. Un total de 114 bs en hauteur dans le tour et 114 espaces de 1 ml se termineront.

Rang 5 : faire une mc dans l'espace de 2 ml suivant, ml 3. Le nombre est de 1 bs en hauteur et 1 ml. [1 bs en hauteur dans l'espace de 1 ml suivant, 1 ml.] Répéter la série entre les crochets. Faire 1 mc pour remplacer le tour à la deuxième ml.

Rang 6 à 14 : répéter le rang 5. C'est l'endroit le plus accessible pour le faire si vous voulez changer la hauteur de votre écharpe ; sur une ou plusieurs de ces rangées pour une écharpe plus mince. Pour une écharpe surdimensionnée, répéter 5 fois de plus.

Rang 15 : 1 mc dans l'espace de 2 ml suivant. Puis faire une ms comme suit : ml 1, [1 ms dans l'espace de 1 ml suivant, 1 ms dans la bs en hauteur suivante.] Répéter la séquence entre les crochets dans toutes les sections.

Rang 16 : Répéter environ Rang 2.

Rang 17 : 3ème rangeè.

Bordure terminée.

Écharpe infinie au maille coquille :

Commencer avec votre aiguille de crochet active. [Sauter les 2 mailles suivantes. [Sauter la suivante. Fonctionner la coquille dans la maille suivante comme 1 db, 1 ml, db, 1 ml, db, 1 ml, db, 1 ml, db. Puis sauter les 2 ml suivantes. Faire 1 mc dans la m suivante.] Répéter la chaîne tout autour entre les crochets. Vous finirez avec un minimum de 38 coquilles au crochet.

Rang suivant :

Lorsque les coquilles sont terminées, travailler avec une paire de pantoufles de crochet de surface. Lorsque vous travaillez ce tour pour la première fois, travailler la surface du crochet où le dernier tour, tour 17, rencontre le bord de la coquille. Travailler ce tour de l'autre côté, là où le tour 1 touche les bords du conteneur.

Remplacez ces deux tours de bordure autour des bandes libres de votre rang de départ. Vous devrez créer une boucle active pour commencer votre travail. Vous pouvez le faire de différentes manières. Essayez d'insérer le crochet dans l'une des boucles libres de la chaîne de départ et tirez un fil, en laissant une longue queue de fil supplémentaire.

Terminer en tissant toutes les extrémités lâches. Si vous le souhaitez, bloquez.

28.Tour de cou Tunisien

Ce petit tour de cou est idéal pour garder le cou de votre bien-aimé(e) au chaud par temps hivernal. Vous aurez besoin de deux couleurs de laine de poids moyen, d'un crochet de taille I, d'une aiguille à laine et d'une paire de ciseaux. Le calibre est que 7 rangs doivent égaler 5 cm

Utilisez la laine verte pour faire une chaînette de 20 m, ou aussi large que vous le souhaitez pour le tour de cou.

Rang 1 : 1 ms dans la deuxième m de la ch, et dans chaque m jusqu'à la fin.

Rangées 2 à 53 : 1 ms dans la deuxième m et dans chaque m jusqu'à la fin.

Rangée 54 : 1 ms dans la deuxième m et dans chaque m jusqu'à la fin, changer de couleur pour la laine brune dans la dernière ms.

Rangées 55 à 74 : 1 ms dans la deuxième m et dans chaque m jusqu'à la fin.

Rangée 75 : 1 mc dans la deuxième m et dans chaque m jusqu'à la fin.

Pour faire le bouton (et vous en avez besoin de deux), suivez simplement ce modèle :

Rang 1 : Utilisez la laine verte pour faire une chaînette de 4 mailles, puis une maille coulée dans la quatrième maille de la chaînette pour former une boucle.

Rang 2 : 10 ms dans la boucle.

Rang 3 : 10 ms dans la boucle, en chevauchant la rangée précédente.

Rang 4 : 8 ms dans la boucle, en chevauchant à nouveau la rangée précédente, puis finir.

Pour faire la lanière de boutonnière (et vous en avez besoin de deux), utilisez ce modèle :

Rang 1 : Faire 1 ch de 15 m, puis 1 mc dans la première m de la ch pour former une boucle, puis finir.

Utilisez une aiguille à laine pour coudre les boutons à l'extrémité brune du tour de cou, et les lanières de boutonnière à l'extrémité verte.

Rappelez-vous que la dernière maille de chaque rang est travaillée jusqu'à ce que le crochet ait deux boucles, puis la nouvelle couleur entre les deux boucles est tirée et la maille est terminée. Changez de travail et commencez l'exemple dans une nouvelle couleur. En Aqua (couleur A), vert Kelly (couleur B), fougère (couleur C), jaune éclatant (couleur D), framboise (couleur E), et joyeux, la Vanna's Choice de lion brand (couleur F). Merry cherry est un fil pour bébé de Vanna's Choice.

Pour attacher vos finitions, vous aurez également besoin d'un crochet de taille J/10 (6 mm) et d'une aiguille à tapisserie.

Avec la couleur A, faites une chaînette de 22 m.

Rang 1 : db dans la troisième m en partant du crochet (en commençant à partir de la première maille de la deuxième ch : db dans la troisième maille en partant de la ch n'est pas considérée comme une m), db dans chaque m jusqu'à la fin de la rangée, vous aurez 20 m à la fin de la rangée 1.

Rang 2 : 1 ch de 2 (non considérée comme une m), tournez, db dans chaque m de la rangée.

Répétez la rangée 2 jusqu'à ce que la pièce mesure environ 10 pouces de hauteur (25,5 cm), en changeant la dernière m de la couleur A à la couleur B. Continuez à répéter la rangée 2, en travaillant 10 cm (25,5 cm) avec les couleurs B, C, D, E, et ensuite F, avec un changement de couleur sur la dernière m de chaque rangée.

29. Châle de soirée

Ce ravissant châle en motif à quatre lignes est crocheté. Ce motif de colonnes est répété plusieurs fois pour obtenir le magnifique motif du châle. Une fois terminé, le châle fera environ 50 cm de largeur sur 190 cm de longueur.

Vous aurez besoin des quantités de fil suivantes :

Caron Simply Soft : 2 pelotes de couleur prune pour la couleur B, et 1 pelote blanche pour la couleur D.

Caron Clearly Soft Heather : 3 pelotes de couleur grise pour la couleur A, et 1 pelote de couleur charbon pour la couleur C.

Pour rentrer les fils, vous aurez également besoin d'un crochet de taille I/8 (5 mm) et d'une aiguille à tapisserie.

Quatre motifs répétés constituent l'échelle pour le châle, et huit colonnes représentent quatre pouces.

Instructions du modèle :

Rang 1 : (endroit) : (ms, ch 3, bs) dans la deuxième ch, sauter les deux ch suivantes (ms, ch 3, bs) dans la ch suivante ; répéter le processus.

Rang 2 : ch 3 (comptée comme la 1 bs), bs dans la première m, (1 ms, une ch 3, 1 bs) dans chaque encoche de ch 3 jusqu'à la dernière zone de ch 3, ms dans la zone de ch 3 précédente, ch 2, bs dans la ms précédente.

Rang 3 : ch 1, ms dans le premier cercle, ch 3, bs dans la prochaine encoche de ch 2, encoche de ch 3 suivante (ms, ch 3, bs) ; répéter à partir de partout, ms dans la dernière bs (chaîne de retournement), tourner à travers tout.

Rangeè 1 à 3 : répéter les rang 1-3-75 ms et 74 trous de ch-2.

Continuer en changeant de couleurs selon la séquence suivante : quatre rangées supplémentaires avec A, une rangée supplémentaire avec D, deux rangées supplémentaires avec A, deux rangées supplémentaires avec C, quatre rangées supplémentaires avec B, une rangée supplémentaire avec D, quatre rangées supplémentaires avec B, deux rangées supplémentaires avec C, deux colonnes supplémentaires avec A, une rangée supplémentaire avec D, sept rangées supplémentaires avec A ; attacher et rentrer les fils à chaque extrémité avec une aiguille à tapisserie.

30. Écharpe Chunky Classique

En ce moment, les écharpes sont très à la mode, et ce modèle de base en Red Heart créé par Laura Bain fonctionne rapidement et facilement. Vous pouvez crocheter ce modèle dans différentes couleurs pour obtenir un look différent en utilisant un fil dégradé. Assurez-vous de vérifier le lien vidéo dans la section des liens de modèle de ce livre.

Matériaux et fournitures

- Deux pelotes de Red Heart Grande dans la couleur brumeuse
- Une crochets taille Q (16 mm)
- Une aiguille à tapisserie pour tisser les extrémités

Lorsqu'il est terminé, cette écharpe mesure environ 8 pouces sur 34 pouces. Le patron de ce projet est de 6 m, et 10 cm sont équivalents à 3 rangées.

Chaîne de 12.

Rang 1 (côté droit) : bs dans la troisième ml (la ch de départ ne compte pas comme la première m, bs) et alternez dix doubles crochet pour chaque chaîne autour.

Rang 2 : ch 2 (ne compte pas comme 1 bs), bs, tournez dans chaque bs.

Répétez la rangée 2 jusqu'à 33 pouces ou jusqu'à ce que la longueur de la section appropriée soit déterminée.

Rangée de façonnage : ch 1, 1 ms dans chaque bs - 10 ms avec le côté opposé de la première et de la dernière rangée maintenues ensemble en traversant toutes les couches.

31. Poncho à Rayures

Matériaux et Fournitures :

- Fil de poids 4 dans 6 couleurs.
- 14 pelotes de la couleur principale
- 3 pelotes de couleur A
- 2 pelotes de couleur B

- 3 pelotes de couleur C, 3 pelotes de couleur D
- 3 pelotes de couleur E.
- Crochet de taille I.

Abréviations utilisées :

Chainette (**Ch**)

Maille coulée (**MC**)

Triple bride (**Tr**)

Groupe de mailles (sur le crochet, enroulez le fil, piquez dans la maille suivante, enroulez le fil et passez le fil à travers les 2 premières boucles sur le crochet, répétez 3 fois dans la même maille. Enroulez le fil et passez-le à travers les 4 boucles restantes sur le crochet, faites 1 maille en l'air pour terminer.)

Modèle :

Travaillé en une seule pièce, en commençant par le bord du cou. Avec la couleur principale, faire une chaînette de 96 mailles. Joindre avec une MC pour former un cercle.

Rang 1 : Ch 4, sautez 1 m, 1 Tr dans l'espace suivant de la ch, (Ch 1, sautez 1 m, 1 Tr dans l'espace suivant de la ch) 9 fois *Ch 2, sautez 1 m, (Groupe de m, Ch 2, groupe de m) dans l'espace suivant de la ch, Ch 2, sautez 1 m, 1 Tr dans l'espace suivant de la cha, (Ch 1, sautez 1 m, 1 Tr dans l'espace suivant de la ch) 10 fois. *Répétez de * à * 2 fois. Ch 2, sautez 1 m, (Groupe de m, Ch 2, groupe de m) dans l'espace suivant de la ch, Ch 2, sautez 1 m, MC dans la 3 m du début du tour, coupez le fil.

Rang 2 : Rejoignez la couleur A dans n'importe quel espace Ch 2 après un groupe de m. Ch 4, 1 Tr dans l'espace Ch 1 suivant, * (Ch 1, 1 Tr) dans chaque espace Ch 1 jusqu'au coin, Ch 1, 1 Tr dans l'espace Ch2, Ch 2, (Groupe de ma, Ch 2, groupe de ma) dans l'espace Ch 2 entre les groupes de m, Ch 2, 1 Tr dans l'espace Ch 2. *Répétez de * à * 3 fois, en omettant 1 Tr à la fin de la dernière répétition. MC dans la 3 m du début du tour, coupez le fil.

Rang 3 : Rejoignez la couleur B dans n'importe quel espace Ch 2 après un groupe de m, Ch 4, 1 Tr dans le même espace. *(Ch 1, 1 Tr) dans chaque espace Ch 1, 1 Tr dans l'espace Ch 2, (Groupe de mailles, Ch 2, groupe de m) dans l'espace Ch 2 entre les groupes de m, Ch 2, (1 Tr, Ch 1, 1 Tr) dans l'espace. *Répétez de * à * 3 fois, en omettant (1 Tr, 1 Ch, 1 Tr) à la fin de la dernière répétition. MC dans la 3 m du début du tour, coupez le fil.

Répétez les 2ème et 3ème tours en travaillant en rayures de 1 tour de couleur B, couleur principale, couleur C, couleur principale, couleur D, couleur principale, couleur E, couleur principale, couleur A, couleur principale, jusqu'à ce que l'ouvrage mesure 55 cm Terminez avec une rayure M.

Pour la frange : Enroulez la couleur principale autour d'un morceau de carton de 10 cm de large et coupez le fil le long d'un côté. Avec le mauvais côté face à vous et en utilisant 4 brins de fil, pliez le fil en deux et passez la boucle dans un espace Ch sur le bord inférieur de votre poncho, tirez les extrémités à travers la boucle et serrez. Répétez dans chaque espace Ch autour du bord inférieur, en travaillant 2 nœuds dans chaque espace de 2 Ch à côté des coins et 3 nœuds dans les espaces des coins.

32. Colorful Cover Up

Le patron peut être modifié pour s'adapter à toutes les tailles.

Matériaux et fournitures

- ✓ Fil : coton ou laine 8 plis,
- ✓ Crochet de 4 mm.

N'hésitez pas à choisir votre propre combinaison de couleurs, mais pour obtenir le look illustré, faites deux tours de chaque couleur (c'est-à-dire 2 tours de noir, 2 tours de blanc, etc.).

Le calibre n'est pas important, continuez à faire des carrés grannys jusqu'à ce qu'il mesure d'une épaule à l'autre. (Pour cette raison, vous pouvez également utiliser un fil de plus petit ou plus grand calibre avec la taille de crochet appropriée).

Rang 1 : faire 4 ml, joindre par 1 mc dans la première ml pour former un anneau.

Piquer dans l'anneau, faire 3 ml (compte comme la 1 bs), 2 db dans l'anneau, (2 ml, 3 db dans l'anneau) 3 fois. 2 ml, joindre avec une mc dans la 3ème ml du début.

Rang 2 : TOURNEZ votre travail, piquez dans l'espace de 2 ml, faire 3 ml (compte comme la 1 bs), 2 db dans l'espace de ml, 2 ml, 3 db dans le même espace de ml, (1 ml, 3 db, 2 ml, 3 db dans l'espace de maille suivant) 3 fois. 1 ml, joindre avec une mc dans la 3ème ml du début. Arrêter et changer de couleur.

Rang 3 : TOURNEZ votre travail, joindre avec une mc dans n'importe quel espace de 1 ml, faire 3 db (compte comme la 1 bs), 2 brides dans l'espace de ml. 1 ml, 3 db, 2 ml, 3 db dans l'espace de coin de 2 ml, 1 ml.

Continuez à travailler selon le modèle (3 db dans chaque espace de 1 ml, avec 1 ml entre les groupes), les coins sont (3 db, 2 ml, 3 db) dans chaque espace de coin de 2 ml, 1 ml entre le coin et le groupe de 3 db suivant. Assurez-vous de tourner votre travail à la fin de chaque tour et de piquer dans l'espace de maille suivant avec une maille coulée.

Faites 2 carrés grannys identiques pour mesurer d'une épaule à l'autre.

Assemblage du corsage. Maintenez les 2 pièces ensemble (il n'y a pas de bon ou de mauvais côté car vous avez tourné votre travail). Faites 3 ms dans l'espace de chaîne du coin supérieur gauche (assurez-vous que vos ms rejoignent les deux pièces). Répétez pour le coin droit.

Joindre les coutures latérales en mesurant une moitié à partir de la jointure de l'épaule supérieure que vous venez de faire. Cela laisse un espace pour le trou de bras. Piquez à travers chaque maille (des deux pièces) et chaque espace de chaîne jusqu'à atteindre le bas du côté. Arrêter.

Répétez pour l'autre côté.

Retournez votre corsage à l'envers. Glissez le crochet dans n'importe quel espace de mailles en l'air à la base du corsage.

Faites 1 ch de 3 ml (compte comme une double bride), puis 2 db dans le même espace, 1 ml. (3 db dans l'espace suivant, 1 ml) continuez ainsi jusqu'à ce que vous atteigniez la jonction de la couture latérale, traitez cette jonction comme un espace de 1 ml (donc faites 3 db, 1 ml). Continuez de cette manière jusqu'à ce que vous ayez complété le tour. Glissez le crochet dans la 3ème m en l'air du début. Retournez votre travail, glissez le crochet dans l'espace de ml

Continuez à travailler selon le modèle jusqu'à ce que la robe atteigne la longueur désirée. Mini, midi, maxi. Puis complétez un tour de ms dans chaque m et espace de ml pour créer l'ourlet.

Faites des ms dans chaque m et espace de ml autour de l'encolure et des trous de bras, rentrer les fils.

33. Couverture de plage

Matériaux et fournitures

- Fil 4 plis (marque de fil Red-Cross)
- Couleur : blanc
- Crochet taille : "I" (marque de crochets Susan Bates)
- 1 paire de ciseaux
- 1 aiguille à tapisserie

Motif

maille couleè

Ch de 66 m plus une ch supplémentaire de 5

Rang 1 : ms jusqu'à la fin du rang

Rang 2 : crocheter 5 ml, puis 1 bs dans la 3e m en partant du crochet, répéter jusqu'à la fin du rang

Rang 3 : répéter la rangée 2 jusqu'à la longueur souhaitée

Répéter les étapes 1 à 5 pour le deuxième panneau

Crocheter 2 bretelles de 50 ms chacune pour les épaules

Les connecter au milieu du haut de la couverture de plage et les croiser dans le dos.

Attacher les deux côtés avec une aiguille à tapisserie et coudre les panneaux ensemble.

Couper toutes les extrémités avec des ciseaux.

Écharpe à boucle turquoise

La boucle à l'avant de cette écharpe vous permet de la porter comme une capuche, ou vous pouvez placer la boucle à l'arrière et la porter comme une écharpe.

Matériaux nécessaires : Une petite quantité de fil en coton Lily Sugar 'n Cream de couleur blanche (A), une petite quantité de fil en coton/polyester Premier Home de couleur fuchsia (B), et 1 boule de fil en coton/polyester Premier de couleur turquoise (C). Un crochet de taille US I/9 (5,50 mm) et une aiguille à tapisserie.

Remarques : Les motifs sont fabriqués en premier, puis la capuche est commencée à partir du premier motif. Le deuxième motif est ensuite cousu sur la capuche à la fin. Une boucle est crochetée sur le devant de la capuche et attachée sur l'envers pour cacher la couture. Passez l'extrémité de la capuche à travers la boucle pour un look élégant.

Motifs - Faire 2

Avec la couleur A, faire 1 ch de 4 m et rejoindre en cercle.

Rang 1 : 1 ml, puis 8 m serrées dans le cercle, rejoindre dans la 1ère ml.

Rang 2 : 5 ml, puis 1 bs dans la m suivante, 2 ml, 1 bs dans la m suivante dans chaque m, rejoindre dans la 3ème ml.

Rang 3 : 3 ml, 1 ms dans la bride répéter tout autour, rejoindre dans la 1ère bride, couper le fil.

Rang 4 : Joindre la couleur B dans un espace de 3ml 3ml, mc dans le prochain espace de 3ml répéter autour, joindre dans la 1ère ml

Rang 5 : mc dans le 1er espace de 3ml, 4ml, brides dans le même espace 3ml, ms dans la prochaine ms, V-st dans le prochain espace de 3ml, 3ml, ms dans la prochaine ms répéter autour, 3ml, joindre dans la 3ème ml

Rang 6 : mc dans l'espace de la maille en V 7ml, ms dans le prochain espace de 1ml répéter autour, joindre dans le 1er espace de 3ml, couper le fil

Rang 7 : Joindre la couleur C dans l'espace de 7ml du coin, (3ml, 4db, 3ml, 5db) dans l'espace de 7ml, db dans la ms 9db dans les 7ml suivantes, db dans la ms (5db, 3ml, 5db) dans l'espace de 7ml du coin, db dans la ms répéter autour, joindre dans la 3ème ml

Rang 8 : 1ml, ms dans chaque m autour et 3ms dans chaque espace de coin, joindre dans la 1ère ml, couper le fil et rentrer les fils. Bloquer légèrement les carrés à la main.

Corps de la écharpette

Joindre la couleur C dans la m du coin du motif

Rang 1 : 3ml, sauter 1m, ms dans la m suivante répéter jusqu'à la fin, tourner

Rang 2 : 4ml, ms dans la ms, 3ml répéter jusqu'à la fin, terminer par une ms dans la 1ère ml, tourner

Rang 3 : 3ml, sauter 1ml, sauter 1db, ms dans le prochain espace de 1ml 3ml, ms dans le prochain espace de 1ml répéter jusqu'à la fin en sautant la dernière db et les espaces de 1ml, db dans la 3ème ml

Rang 4 : 3ml, ms dans la 1ère db 1ml, db dans la db suivante répéter jusqu'à la fin, terminer par une db dans la 1ère ml du rang précédent, tourner

Rang 5 : 4ml, db dans la db suivante 1ml, db dans la db suivante répéter jusqu'à la fin, terminer par une db dans la 3ème ml, tourner

Rangs 6-44 : Répéter le rang 5

Rang 45 : Répéter le rang 2

Rang 46 : Répéter le rang 5

Rang 47 : Répéter le rang 2

Rang 48 : 2ml, ms dans le 1er espace de 1ml 1ml, ms dans l'espace de 1ml suivant répéter jusqu'à la fin, terminer par une ms dans la 1ère ms, couper le fil

Joindre les deux motifs et l'écharpe ensemble.

Etàpe 4. Conseils et avantages

4.1 Avantages

Les loisirs créatifs et les arts du fil ne sont pas seulement une activité de loisir car ils sont réparateurs et très thérapeutiques ; en fait, les avantages du tricot et du crochet sont nombreux:

Hobby portable

Tout ce dont vous avez besoin est une pelote de laine et un crochet. Que ce soit dans un trajet ennuyeux en train ou en regardant la télévision tout en travaillant, vous pouvez crocheter à tout moment de la vie et réaliser des projets pour vous-même, votre famille et vos amis.

Réduit le stress et l'anxiété

Le crochet permet d'oublier ce qui vous tourmente. Se concentrer sur les mouvements répétitifs des points individuels et compter les rangs rend votre esprit plus concentré et plus libre de pensées anxieuses. Compter les rangs est également un excellent mécanisme de coping pour soulager et réduire l'anxiété associée aux troubles obsessionnels compulsifs et aux troubles alimentaires.

Augmente l'estime de soi

Travailler sur un projet de crochet à offrir en cadeau ou à vendre peut aider à améliorer la perception de sa propre valeur et de sa productivité ; le crochet aide à renforcer l'estime de soi en développant de nouvelles compétences, en réalisant des travaux manuels grâce à une expression créative de soi et en ajoutant un bienvenu revenu supplémentaire, nous donnant le coup de pouce d'estime de soi dont nous avons parfois besoin.

Renforce les capacités de la mémoire

Lorsque vous devez vous souvenir de répétitions dans un motif, comme quel point vient ensuite ou de quelle rangée de couleur il s'agit, cela vous permet d'utiliser et de renforcer vos capacités de mémoire ; plus vous l'utilisez, plus votre mémoire reste forte.

Apaise l'âme

"Tourner, piquer, tourner, piquer" - offre une sensation méditative, et la création de points rythmiques est relaxante pour l'esprit et le corps.

Réduit l'insomnie

Selon des études, de nombreux patients souffrant d'insomnie ont signalé qu'ils étaient capables de s'endormir naturellement en pratiquant des activités de crochet répétitives et mécaniques.

Soulage la dépression

La répétition du crochet a été démontrée pour libérer de la sérotonine, un antidépresseur naturel.

Abaisse la tension artérielle

S'immerger dans un motif de crochet et y travailler pendant quelques heures donne une sensation de calme ; cette relaxation abaisse l'hormone de stress cortisol et donc diminue votre tension artérielle.

Améliore l'agilité des doigts

Le tricot ou le crochet sont propices à maintenir la mobilité et à renforcer la force pour les personnes atteintes d'arthrite ou d'autres types de douleurs articulaires.

Impulsion Créative

La satisfaction de créer quelque chose de ses propres mains est indescriptible, tout comme la joie de voir l'émerveillement et le plaisir dans les yeux de ceux qui reçoivent ou achètent vos créations artisanales.

Casser les Mauvaises Habitudes

Occuper vos mains et votre esprit avec quelque chose de productif et positif peut vous aider à vous débarrasser des mauvaises habitudes (fumer, boire, manger émotionnellement), en les remplaçant par quelque chose de créatif et de pratique.

Détournement Bénéfique

Se distraire de pensées toxiques et récurrentes en crochetant est un moyen efficace de réduire l'anxiété ; prenez votre crochet, concentrez-vous sur un projet et oubliez tout le reste.

La Thérapie des Couleurs

Crochetez votre chemin hors de toute impasse... envie de vous détendre ? Prenez une laine bleue relaxante. Besoin d'un coup de boost d'énergie ? Prenez de la laine rouge. Il y a une quantité incalculable d'informations sur la thérapie des couleurs, mais faites confiance à votre intuition pour choisir les couleurs de laine qui vous rendent heureux.

Compétences de Crochet Qui Rapportent de l'Argent

Il existe de nombreuses façons de gagner de l'argent avec vos compétences en crochet, et il est important de trouver une stratégie qui fonctionne le mieux pour vous. Voici quelques options à considérer :

Vendre vos articles faits main :

Vous pouvez commencer par vendre vos créations en ligne via des plateformes comme Facebook, Etsy ou votre propre site web. Il y a un grand marché pour les articles faits à la main, et vous pouvez également offrir des produits sur mesure. De nombreux clients apprécient les articles personnalisés et les salons d'artisanat.

Vendre vos designs/modèles :

La création d'articles est une compétence, et si vous pouvez créer des modèles clairs et faciles à suivre, vous pouvez générer une source de revenus supplémentaire. Les amateurs de crochet cherchent toujours de nouveaux projets à relever.

Offrir des cours, du coaching ou des tutoriels :

Vous pouvez gagner de l'argent en fournissant aux entrepreneurs du crochet les connaissances et les compétences dont ils ont besoin pour réussir. Si vous choisissez cette voie, vous devrez être stratégique et comprendre ce que vos clients potentiels recherchent.

Vendre des articles finis dans des boutiques locales :

Consultez les boutiques locales et les magasins de cadeaux pour voir s'ils seraient intéressés à vendre vos articles de crochet. Vous pourriez négocier un accord de consignation, où vous fournissez les articles et la boutique prend un pourcentage des ventes.

4.2 Astuces et conseils

Lorsque vous débutez dans quelque chose, tout peut sembler un peu accablant. Même si le crochet n'est pas un passe-temps problématique en soi, cela ne signifie pas qu'il ne comporte pas plusieurs défis, surtout pendant vos premiers essais. Ne vous découragez pas, cependant, car nous sommes tous passés par là. Ce qui compte le plus, c'est de continuer et vous vous rendrez compte que vous progressez régulièrement.

Transformer les écheveaux en pelotes avant de commencer votre projet

Pour une chose, vous pourriez être impatient de commencer votre tout premier projet de crochet. Cela pourrait vous inciter à déchirer l'étiquette de l'écheveau de fil et à commencer tout de suite pour voir comment les choses se passent. Néanmoins, même si vous pourriez crocheter en utilisant des écheveaux de fils, vous pourriez obtenir de meilleurs résultats si vous considérez d'abord enrouler l'écheveau en une pelote. Vous ne ferez pas la différence en tant qu'expert, mais vous la verrez sans aucun doute en tant que débutant.

Si nous comparons les pelotes de fils avec les écheveaux, vous devriez savoir qu'ils ont plusieurs avantages. Pour une chose, ils pourraient vous aider à éviter les nœuds. Habituellement, les écheveaux de fils à tirer du centre sont sujets à des emmêlements faciles vers la fin. D'un autre côté, les pelotes de fils ne piègent pas autant, ce qui fait une énorme différence si vous voulez simplifier votre travail.

En plus de cela, si vous trouvez difficile d'obtenir une tension correcte lors du crochet, vous devriez travailler à partir d'une pelote de fil plutôt que de travailler à partir d'un écheveau. Vous pourriez utiliser des enrouleurs de pelotes pour simplifier cette tâche, mais vous pourriez également le faire à la main.

Assurez-vous de positionner le fil correctement

Il est toujours préférable de positionner le fil correctement pour que votre projet se déroule facilement. La pelote de fil doit être placée de manière à se dérouler facilement lorsque vous crochetez. Étant donné que vous crochetez chez vous depuis un fauteuil confortable, il pourrait être bon de garder la pelote sur le sol près de vos pieds ou sur vos genoux - selon l'option que vous préférez le mieux.

D'autre part, si vous crochetez dans un véhicule en mouvement ou dans un avion, ou tout autre endroit où vous n'avez pas beaucoup d'espace à votre disposition, vous devriez garder la pelote à l'intérieur d'un sac fourre-tout. Cela évitera qu'il se déroule ou roule.

Quand nécessaire, changez la taille du crochet

Les débutants en crochet ont tendance à rester fidèles au crochet avec lequel ils ont commencé. Cela a bien sûr à voir avec le confort et la commodité. Le crochet avec lequel vous commencez vous donne souvent un certain degré d'assurance, donc la tentation de continuer à l'utiliser est élevée.

Ce n'est pas seulement courant en crochet, mais aussi dans d'autres types de travaux manuels tels que le tricot, la broderie, et ainsi de suite.

Cependant, assurez-vous toujours de prendre en compte l'évolution de votre travail et de faire les ajustements nécessaires. Si vous sentez que votre travail semble trop serré, il suffit de changer le crochet avec un plus grand.

D'un autre côté, si vous remarquez que le travail semble trop lâche, vous devez choisir un crochet plus petit. Fondamentalement, la taille du crochet indiquée sur la pelote de fil n'est qu'une suggestion et vous ne devriez pas la suivre aveuglément. En règle générale, avant de commencer un projet - surtout un projet complexe - il est préférable de vous donner le temps de faire quelques expériences.

Cependant, notez que changer de crochet en cours de projet est déconseillé. Cela rendra votre travail incohérent et inégal. Et vous ne voulez pas ça. Même si vous utilisiez des crochets de même taille de différents fabricants, vous remarqueriez quand même plusieurs différences en examinant de plus près votre projet.

En même temps, selon le type de crochet, cela aura un impact sur la façon dont vous le tenez et sur l'apparence des points à la fin.

Travailler sur votre tension: pourquoi est-ce si important?

Travailler sur votre tension est crucial pour améliorer votre technique de crochet. Pour ce faire, vous devez tenir le crochet de manière confortable - sinon, améliorer votre tension sera beaucoup plus difficile. Comme nous l'avons déjà souligné, vous devez tenir le crochet dans la main dominante - cela dépend que vous soyez droitier ou gaucher.

En tant que débutant en crochet, vous êtes susceptible de tenir le crochet trop serré ou trop lâche. Et bien que la pratique contribue probablement à résoudre ces problèmes, il existe également des moyens de le faire, que nous décrirons dans les paragraphes suivants.

Tirez du centre du fil

Cela peut être très utile lorsque vous sentez que votre tension est trop lâche ou trop serrée. Par exemple, tirer le brin depuis l'extérieur fera sauter l'écheveau partout, ce qui rendra probablement plus difficile l'obtention du bon niveau de tension.

D'un autre côté, si vous vous concentrez sur le fait de tirer le brin directement depuis le centre, il glissera plus rapidement entre vos doigts, vous permettant de vous sentir plus à l'aise avec votre tension.

Observez comment les experts tiennent le crochet

Bien que copier la technique d'un expert ne soit peut-être pas la solution la plus sûre à ce problème de tension, cela peut aider. Il est probable que vous puissiez trouver de nombreux tutoriels en ligne et voir comment d'autres personnes utilisent leur crochet.

Une fois que vous l'aurez fait, vous pouvez l'essayer vous-même et voir ce qui fonctionne le mieux. N'oubliez pas, il n'y a pas de bonnes ou de mauvaises façons de le faire. La bonne chose est que de nombreuses ressources en ligne gratuites pourraient vous aider à commencer lorsque vous vous sentez perdu.

Comme chaque personne travaille différemment, si vous réalisez que ce que vous regardez n'est pas votre style, vous devriez simplement regarder une autre technique jusqu'à ce que vous trouviez quelqu'un qui travaille de manière similaire à vous.

Choisissez un fil adapté aux débutants

Ceci est un autre conseil utile si vous avez l'impression de ne pas progresser. Choisir un fil difficile à travailler pourrait vous empêcher de progresser rapidement. D'autre part, la tension que vous avez lorsque vous travaillez avec du fil dépendra du type de matériau que vous avez choisi.

Par exemple, en tant que débutant, votre tension pourrait être inadaptée si vous essayez de travailler avec du fil de coton, qui présente certaines difficultés.

Cela ne veut pas dire que tous les débutants auront des difficultés à travailler avec du fil de coton, mais certains pourraient en avoir. C'est une question subjective et vous ne devriez pas vous sentir mal ou quoi que ce soit d'autre - c'est juste qu'en ce qui concerne l'artisanat, chaque personne a son propre rythme d'apprentissage et de progression.

Cela signifie que vous ne devriez pas vous mettre trop de pression si les choses avancent plus lentement que prévu.

En règle générale, lorsque vous essayez encore de trouver le niveau de tension parfait, il est préférable de choisir un matériau avec un peu d'élasticité. Cela rendra votre travail plus facile. Avec le temps, vous pouvez diversifier les types de matériaux avec lesquels vous travaillez pour vous assurer de favoriser votre compétence et votre créativité. Mais prenez votre temps.

En plus de cela, nous vous conseillons de vous éloigner des fils fantaisie ou des fils variés, en particulier au début de votre voyage au crochet. Ces deux fils rendront particulièrement difficile le maintien d'une cohérence dans vos mailles.

En même temps, ces matériaux rendent difficile le décompte des mailles, ce qui pourrait être frustrant pour les débutants.

4.3 Erreurs et Solutions

En tant que débutant, vous rencontrerez certainement une certaine frustration lorsque vous commencerez le crochet. Des erreurs peuvent se produire en ne suivant pas les instructions exactement, ou simplement en raison d'un manque de pratique.

N'oubliez pas qu'il existe des techniques que vous pouvez ajuster légèrement pour vous convenir, si cela n'affecte pas l'apparence de votre ouvrage et de votre motif.

Apprendre à crocheter peut être une étape formidable, alors ne vous découragez pas trop si vous ne maîtrisez pas tout parfaitement dès le début. C'est un art très chronophage qui nécessite beaucoup de compétences, que vous développerez avec le temps.

Ne soyez pas trop dur avec vous-même et profitez-en simplement.

Vous pourriez ne pas être familier avec certaines de ces erreurs, en fonction de la quantité de crochet que vous avez réalisé jusqu'à présent. Lisez-les et souvenez-vous-en si vous rencontrez ces difficultés plus tard.

Insérer votre crochet dans la mauvaise maille au début. Ne comptez pas la première maille sur le crochet car ce n'est qu'un cercle, votre première maille réelle est la première maille du crochet, celle qui est proche, et celle d'après est le deuxième cercle sur le crochet.

Lorsque vous utilisez des points de crochet américains alors que votre motif contient des termes de conception britanniques, cela sera facile à manquer et causera quelques complications. Une méthode simple est de rechercher des instructions pour le point de crochet simple, car cela confirme que votre motif est une conception américaine qui utilise une terminologie américaine.

Ne pas penser à l'obstruction comme une étape importante

Tout d'abord, l'obstruction implique de laver à la main un article, puis de le fixer à un tapis d'obstruction. La raison de cela est de fixer l'article et de le lisser si nécessaire. Il est possible de laver votre article en machine, utilisez simplement le réglage à la main.

Il y a des moments où l'obstruction n'est pas nécessaire, mais c'est à vous de décider, si vous prévoyez de le laver, assurez-vous d'utiliser les mesures d'obstruction.

Faire des cercles de départ en utilisant des chaînes reliées et non un cercle magique. Vous pouvez utiliser des techniques pour commencer votre crochet en rond. Le premier consiste à travailler quatre ou cinq lignes de chaînes et à les rejoindre en cercle en utilisant une maille glissée.

C'est la méthode la plus simple.

Cependant, une méthode plus efficace consiste à commencer des cercles en utilisant un cercle magique. Le centre du cercle est beaucoup plus serré que celui d'un cercle normal relié par une maille en chaîne.

La chose importante à retenir est la cohérence. Si vous utilisez des motifs sur vos ouvrages, n'utilisez qu'une seule méthode pour les réaliser, car votre travail sera plus soigné. Essayez donc les deux et voyez laquelle vous convient le mieux et utilisez cette méthode.

Ne pas changer la taille de votre crochet en fonction de la situation

Vous avez peut-être déjà commis cette erreur et vous en êtes peut-être rendu compte lorsque votre travail ne semblait pas tout à fait correct. Cela peut arriver lorsque votre chaîne de départ est assez proche par rapport au reste de votre travail. C'est cependant une erreur courante chez les débutants. Il est essentiel que vous ayez la bonne tension dans votre chaîne car elle forme la base de votre travail.

Une solution consiste à utiliser un crochet légèrement plus grand que celui recommandé dans votre modèle, car cela vous aidera à avoir une pression plus uniforme tout au long. Il n'est pas nécessaire de changer la taille de votre crochet si votre tension est correcte.

Soyez toujours conscient des tailles de crochets spécifiques sur vos modèles.

Votre travail semble se rétrécir

Si vous constatez que votre travail se rétrécit à certains endroits et que la forme de votre objet ne semble pas correcte, alors vous avez probablement commis une erreur quelque part. L'explication d'une erreur telle que celle-ci est généralement le résultat de faire votre premier point dans la position erronée.

Rappelez-vous ces points:

• Pour le point de chaînette simple, le premier point est inséré dans la première ligne de la ligne au-dessus.

• Pour votre autre point de base, c'est le point de tournage qui est considéré comme la première ligne.

Ne pas être en mesure de reconnaître votre point

Il est courant pour les débutants de se concentrer tellement sur l'essai de suivre les instructions de leurs modèles qu'ils vérifient rarement si leurs rangs ont vraiment l'air de ce qu'ils devraient être. Ne craignez rien, c'est tout à fait normal et une erreur commise par beaucoup d'entre nous.

Il y a beaucoup de parties mobiles différentes, et il faut du temps pour prendre le coup de main. Lorsque vous commencez à crocheter, prenez un moment pour regarder de plus près le point complet et apprenez à le reconnaître.

Éviter les nouvelles méthodes parce qu'elles semblent trop difficiles

Si quelque chose semble trop difficile, regardez-le de plus près avant de l'éviter complètement. Si vous pouvez faire les points de base, vous pourrez gérer pratiquement toutes les techniques de crochet sans problème.

Vous devrez peut-être simplement vous entraîner quelques fois. Les étapes peuvent parfois sembler un peu intimidantes, mais si vous les lisez, vous verrez qu'elles sont constituées d'instructions de base.

Ainsi, n'hésitez pas à essayer quelque chose de nouveau, cela pourrait être plus facile que vous ne le pensez et vous pourrez amener votre crochet à un niveau supérieur avant même de vous en rendre compte.

Ne pas en apprendre assez sur les fils

Lorsque vous commencez à acheter des fils, apprenez autant que possible sur eux. Vous devrez bien sûr utiliser certains fils en fonction des modèles que vous utilisez. Mais essayez également de trouver ceux de bonne qualité et ne cherchez pas seulement les moins chers.

Ne pas comprendre que votre ch tournante a la même hauteur que le 1 point de la colonne

Vous devez être en mesure de voir que la chaînette de départ de votre colonne amène la hauteur de votre travail au niveau du premier point de cette ligne. Par exemple, le point de maille serrée est une chaînette, et un demi-double crochet est deux chaînettes.

Observez cela chaque fois que vous crochetez.

Ne pas être capable de comprendre les modèles

De nos jours, on a tendance à être un peu paresseux à comprendre les modèles. C'est parce que les vidéos en ligne sont beaucoup plus rapides et plus faciles à suivre pour certains d'entre nous. Cependant, ce n'est pas idéal car on devrait être capable de comprendre les modèles.

En lisant les étapes du modèle, vous pourrez vous faire une image mentale de ce que le modèle devrait ressembler, et cela vous donnera une meilleure compréhension de ce que vous faites.

Ne pas apprendre la technique Corner-to-Corner (C2C)

La technique C2C est une méthode importante et utile à apprendre. Vous l'utiliserez certainement souvent, et elle est excellente pour la création de couvertures et d'autres vêtements. Ne l'évitez pas, essayez-la et pratiquez, vous ne le regretterez pas.

Ne pas apprendre à crocheter en rond

Il est important de comprendre comment cela fonctionne, puis de l'essayer. C'est essentiel pour améliorer vos compétences de crochet, alors ne remettez pas à plus tard l'apprentissage du crochet en rond. C'est une méthode importante à connaître.

Ne pas apprendre à bien tisser les extrémités

Ce sont l'une des erreurs les plus courantes commises par les débutants. Il est si facile de simplement attacher des nœuds aux extrémités; cependant, ce n'est pas la méthode appropriée et cela n'est pas propre.

Apprenez à tisser les extrémités dans la surface en utilisant une aiguille à broder pour bien finir votre travail.

S'attarder sur les erreurs

Faire des erreurs est ce qui vous permet d'apprendre et d'améliorer votre travail. Beaucoup de pratique et encore plus de patience, ainsi qu'un peu de créativité, sont ce qui fait un crochet réussi. Vous devrez parfois corriger vos lignes, voire recommencer complètement, mais c'est bien.

Vous n'apprenez pas seulement à suivre des instructions; vous vous habituez également à utiliser vos outils et vos matériaux, alors soyez patient.

Évaluation des exemples complexes en premier

Souvent, les femmes sont pressées de créer les plus beaux vêtements en crochet sans pouvoir maîtriser les points ou changer les couleurs de leur fil. Cela pourrait causer une catastrophe qui pourrait également être extrêmement décourageante.

Gardez les choses simples jusqu'à ce que vous soyez sûre de maîtriser les points de base en crochet.

Abandonner trop tôt

Il est trop facile de prendre son crochet, essayer quelques points rapidement, puis abandonner s'ils ne fonctionnent pas. Vous pourriez avoir l'impression de perdre du temps, mais ce n'est pas vrai. Accordez-vous suffisamment de temps pour apprendre les bases, car une fois que vous maîtriserez cela, vous pourrez avancer et créer de nombreuses choses. Si vous ne pouvez pas réussir vos points de base, alors vous aurez des problèmes pour créer votre ouvrage.

Détendez-vous, et les choses commenceront lentement à se mettre en place. Même les personnes les plus robustes ont eu des difficultés au début, alors lancez-vous et appréciez-le !

4.4 F.A.Q.

Voici un bref récapitulatif des questions les plus fréquemment posées sur la meilleure façon de prendre soin de votre fil ou de votre laine.

Pouvez-vous laver une pelote entière ?

Dans certains cas, vous devrez peut-être laver les pelotes ou les boules de fil avant utilisation (déversements, etc.), et bien que cela puisse être difficile, c'est possible. La partie la plus difficile de cela est de s'assurer que le fil ne se défait pas, ce que vous pouvez faire en le mettant dans une paire de collants ou un sac de lavage au préalable.

Cependant, assurez-vous de suivre les mêmes instructions de lavage et vérifiez que tout le détergent a été rincé (vous devrez peut-être les rincer à la main pour vous assurer qu'il n'y a pas de résidu, car cela pourrait irriter).

À quelle fréquence devez-vous laver le fil ou la laine ?

Cela dépend de la quantité d'usure et de l'objectif du projet. Par exemple, un sac en crochet ne devra être épongé que de temps en temps, tandis que les vêtements devront être lavés plus fréquemment.

Les vêtements tels que les chaussettes devront être lavés après chaque utilisation pour éviter toute infection fongique ou bactérienne, tandis qu'un pull peut être porté quelques fois avant de devoir être lavé. Tout dépend.

Pouvez-vous teindre votre propre fil ?

La réponse est oui, et les types de fil les plus faciles à teindre sont les fibres animales, par exemple, l'alpaga, la laine ou le mohair. Assurez-vous de protéger votre peau et vos vêtements lors de la teinture de votre propre fil, car cela peut facilement se transférer et causer un grand désordre. Pour le fil synthétique, vous devrez acheter une teinture spécifique à utiliser pour la fibre.

Comment trouver les instructions de soins pour d'autres types de fils?

Généralement, le fil est accompagné d'une étiquette qui a des instructions spécifiques de lavage. Certains types de fils spéciaux sont accompagnés d'instructions par paquets, tandis que d'autres ne le sont pas du tout.

Plus le fil est spécialisé, plus vous avez de chances d'obtenir des instructions, le fil de poids worsted, qui est le plus utilisé, est également plus durable, ce qui signifie que vous avez moins de chances d'obtenir des instructions spécifiques.

Pouvez-vous éliminer les taches et les odeurs anciennes ?

Oui, cependant, pas toujours, et beaucoup de taches séchées ou d'odeurs persistantes sont difficiles à éliminer. Plus la tache ou l'odeur est présente depuis longtemps sur la fibre, plus il est difficile de s'en débarrasser.

Pouvez-vous utiliser le sèche-linge ?

Il est préférable de ne pas utiliser le sèche-linge pour la laine ou le fil car il est trop sensible à la température et cela peut la rendre rugueuse ou grossière sur la peau, ainsi que le risque de rétrécissement si elle est exposée à des températures élevées.

Si vous choisissez d'utiliser le sèche-linge, il est préférable de le faire à une température fraîche ou extrêmement basse pendant de courtes périodes pour vérifier qu'il n'a pas d'effets néfastes sur les fibres.

Combien de temps pouvez-vous conserver de la laine ou du fil ?

La laine ou le fil peuvent être conservés pendant très longtemps, même des années, s'ils sont stockés correctement dans les bonnes conditions et entretenus. La laine qui a été conservée pendant plus de 10 ans peut ne pas être viable pour le crochet ou le tricot car elle a commencé à se dégrader, mais cela dépend du type. Les fibres organiques qui n'ont pas été traitées peuvent ne pas durer aussi longtemps que celles achetées en magasin qui ont été traitées chimiquement.

Comment stocker le fil ?

Stockez-le en écheveaux ou en pelotes dans un endroit sec et assurez-vous de le nettoyer et de le vérifier fréquemment pour éviter que votre réserve ne rencontre beaucoup de poussière, de mites ou de parasites qui pourraient contaminer l'approvisionnement. De plus, évitez de mouiller votre réserve et assurez-vous de l'aérer fréquemment pour éviter qu'une odeur de moisi ne s'incruste dans le fil.

Comment lire les schémas de crochet ?

À mon avis, lire un schéma de crochet est important pour apprendre le crochet simple. Vous êtes limité en termes de projets terminés si vous ne savez pas lire les schémas de crochet ! Si vous ne pouvez pas lire un schéma de crochet, vous êtes très limité. Que faites-vous, continuez jusqu'à ce que vous pensiez que c'est juste et commencez comme ça ?

Vous avez le monde à portée de main si vous savez lire un schéma de crochet. Vous n'avez pas peur d'essayer de nouvelles choses à mon avis !

Cependant, je suis fasciné par le nombre de personnes qui ne peuvent pas comprendre les schémas de crochet. Il semble vraiment dommage qu'ils ne sachent pas comment s'améliorer et se sentir mieux dans leurs efforts !

Si vous ne pouvez pas lire un patron de crochet, comment fabriquez-vous des chiffons ou des crochets faits maison ? N'oubliez pas que dans l'image, cela semble rapide, mais pouvez-vous doubler cela ?

Quand j'ai commencé à crocheter (cela semble avoir été toute une vie), ces patrons avec des abréviations inhabituelles étaient un défi pour moi. À ce stade, j'ai décidé d'apprendre à lire les patrons, quoi qu'il en soit.

J'ai fait beaucoup de travail, répondu à diverses questions et obtenu des résultats finalement. La chose étrange était que même moi, je ne crochetais pas seulement de la laine.

Savoir lire les patrons de crochet semble vous encourager à aller plus loin - c'est ainsi que je suis passée au coton et ai fait des napperons en très peu de temps, en apprenant à lire les patrons de crochet.

Ce qui me fait peur, c'est que les gens qui ne savent pas lire les patrons de crochet ne semblent pas être attentifs à clarifier et/ou illustrer les points de crochet sur une base individuelle. Cela me dérange.

On m'a dit que cela démontrait un manque de maturité chez quelqu'un qui faisait du crochet à la maison sans pouvoir lire les patrons de crochet. Cela n'avait aucune ambition !

Maintenant, je ne suis pas d'accord, mais j'ai une chose à dire :

"Ne faites pas les choses à moitié, apprenez tout ou perdez votre temps "

J'ai pu crocheter un napperon pendant que ma fille aînée était à l'hôpital à l'âge de cinq mois, en lisant des instructions de crochet.

La fin et le début

Félicitations pour avoir franchi le premier pas vers l'apprentissage du crochet ! Que vous soyez un(e) débutant(e) absolu(e) ou que vous ayez déjà de l'expérience dans l'art du crochet, ce guide vous fournira une mine d'informations pour vous aider à développer vos compétences et à créer de magnifiques pièces faites main.

Ce qui est génial avec le crochet, c'est que c'est facile à apprendre et que cela peut être une activité très réflexive et relaxante, avec juste un crochet et un peu de fil, vous pouvez créer une large gamme d'accessoires, des écharpes et des chapeaux aux couvertures et objets de décoration pour la maison.

Non seulement le crochet est une activité amusante et satisfaisante, mais il vous permet également de créer des cadeaux personnalisés pour vos proches qu'ils chériront pendant des années.

Dans ce guide, vous apprendrez les bases du crochet, y compris comment travailler différents types de points, lire des modèles et résoudre des problèmes courants. Nous avons inclus des explications détaillées, des astuces utiles et plein de photos pour vous guider à chaque étape du processus.

Une chose importante à retenir lors de l'apprentissage du crochet est d'être patient avec vous-même. Comme pour toute nouvelle compétence, cela peut prendre du temps et de la pratique avant de vous sentir confiant(e) dans vos capacités.

N'ayez pas peur de faire des erreurs, car elles font partie intégrante du processus d'apprentissage. Avec chaque projet que vous terminez, vous gagnerez plus d'expérience et améliorerez votre technique. Une autre clé du succès en crochet est de choisir le bon fil pour votre projet. Il existe de nombreux types de fils disponibles, chacun avec ses propres caractéristiques et propriétés uniques.

Certains fils conviennent mieux à des types de projets spécifiques, comme le fil de coton pour les chiffons à vaisselle ou le fil de laine pour les accessoires d'hiver chauds. Nous avons inclus des informations sur les différentes fibres de fil et sur la façon d'entretenir vos articles de crochet pour vous assurer qu'ils durent pendant des années.

Que vous cherchiez à créer une écharpe confortable pour l'hiver ou un afghan coloré pour votre salon, ce guide vous donnera les outils dont vous avez besoin pour donner vie à votre vision de crochet. Alors attrapez votre crochet et votre fil et commençons.

P.S.

Enfin, j'aimerais connaître votre avis sur ce guide.

Vos commentaires sont essentiels pour moi, car je m'efforce de vous fournir les meilleures ressources possibles pour votre voyage au crochet.

Prenez donc le temps de laisser un commentaire et de partager votre expérience avec d'autres.

J'ai hâte de voir toutes les belles créations que vous réaliserez et je vous souhaite bonne chance dans votre aventure au crochet.

Cordialement, **Michelle Pfizer**

Aperçu de l'autohr

Bonus

Printed in France by Amazon
Brétigny-sur-Orge, FR